Especificaciones de calidad de la materia prima

Anabel Carrillo Garrido

ic editorial

Especificaciones de calidad de la materia prima
© Anabel Carrillo Garrido

1ª Edición

© IC Editorial, 2025

Editado por: IC Editorial
c/ Cueva de Viera, 2, Local 3
Centro Negocios CADI
29200 Antequera (Málaga)
Teléfono: 952 70 60 04
Fax: 952 84 55 03
Correo electrónico: iceditorial@iceditorial.com
Internet: www.iceditorial.com

ISBN: 978-84-1184-563-2
Depósito Legal: MA 91-2025

Impresión: PODiPrint
Impreso en Andalucía – España

Nota de la editorial: IC Editorial pertenece a Innovación y Cualificación S. L.

Presentación del manual

El **Certificado de Profesionalidad** es el instrumento de acreditación, en el ámbito de la Administración laboral, de las cualificaciones profesionales del Catálogo Nacional de Cualificaciones Profesionales adquiridas a través de procesos formativos o del proceso de reconocimiento de la experiencia laboral y de vías no formales de formación.

El elemento mínimo acreditable es la **Unidad de Competencia.** La suma de las acreditaciones de las unidades de competencia conforma la acreditación de la competencia general.

Una **Unidad de Competencia** se define como una agrupación de tareas productivas específica que realiza el profesional. Las diferentes unidades de competencia de un certificado de profesionalidad conforman la **Competencia General,** definiendo el conjunto de conocimientos y capacidades que permiten el ejercicio de una actividad profesional determinada.

Cada **Unidad de Competencia** lleva asociado un **Módulo Formativo,** donde se describe la formación necesaria para adquirir esa **Unidad de Competencia,** pudiendo dividirse en **Unidades Formativas.**

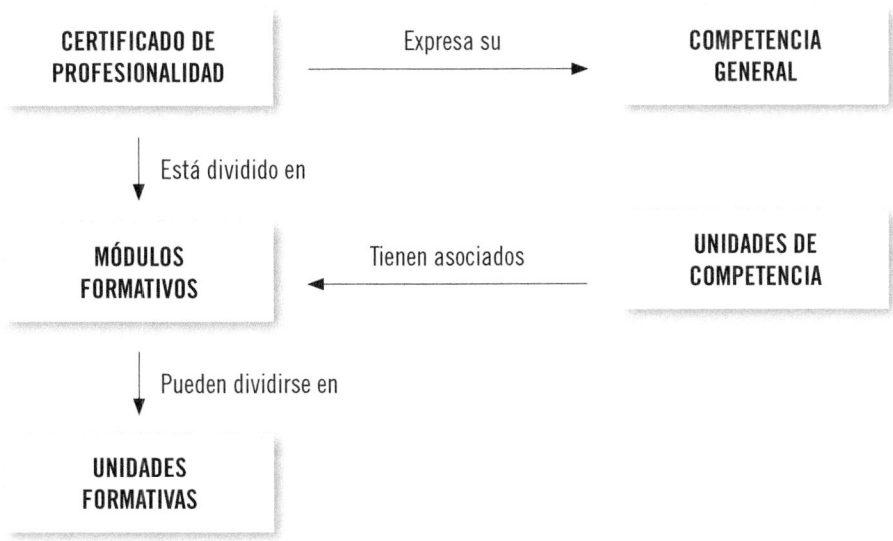

El presente manual desarrolla la Unidad Formativa **UF0251: Especificaciones de calidad de la materia prima,**

perteneciente al Módulo Formativo **MF0205_3: Gestión y control de la calidad,**

asociado a la unidad de competencia **UC0205_3: Controlar la calidad del producto, a partir de las especificaciones editoriales,**

del Certificado de Profesionalidad **Producción editorial.**

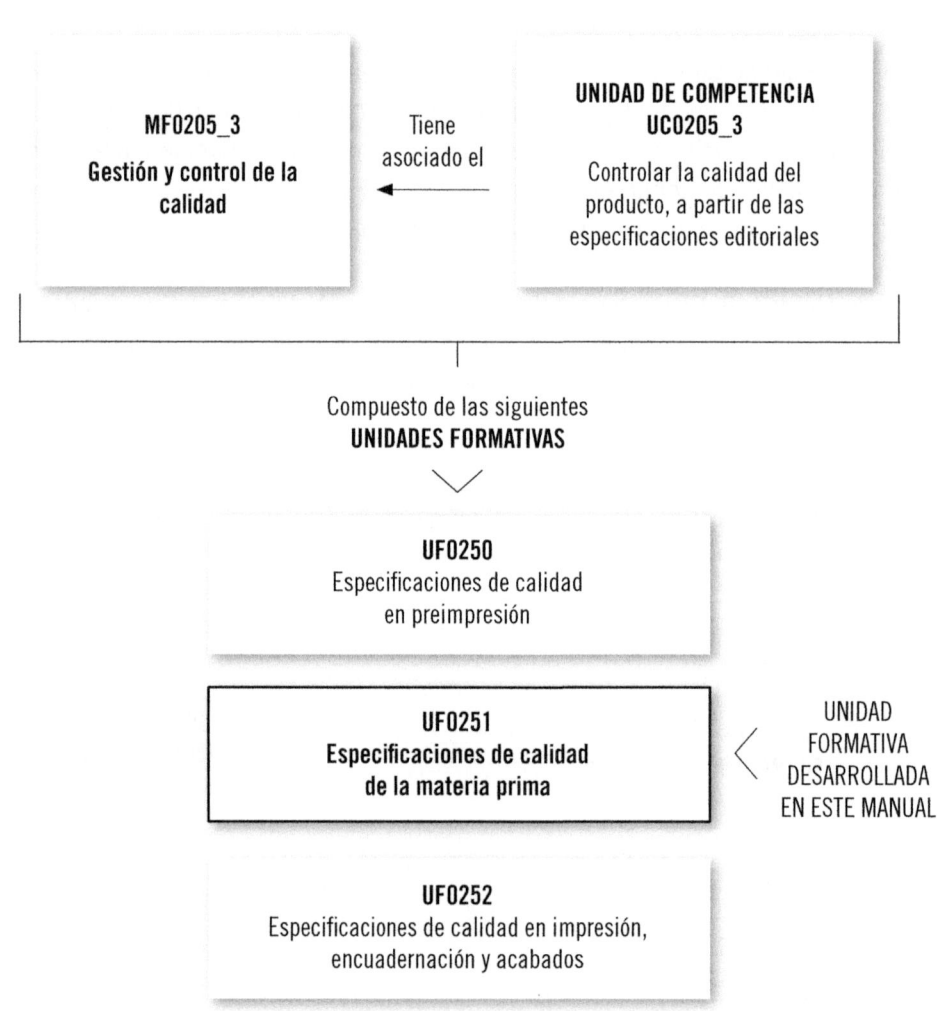

FICHA DE CERTIFICADO DE PROFESIONALIDAD

(ARGN0109) PRODUCCIÓN EDITORIAL (R. D. 1213/2009, de 17 de julio)

COMPETENCIA GENERAL: Realizar la planificación y el seguimiento de la producción editorial, teniendo en cuenta los factores de calidad, costes y tiempos.

Cualificación profesional de referencia		Unidades de competencia	Ocupaciones o puestos de trabajo relacionados:
ARG073_3 PRODUCCIÓN EDITORIAL (R. D. 295/2004, de 20 de febrero; anexo LXXIII)	UC0204_3	Planificar la producción a partir del análisis de las especificaciones de los originales	• 3029.028.0 Técnicos en producción editorial • 3073.006.7 Técnicos en control de calidad • Responsable del área de publicaciones • Responsable de aprovisionamiento y contratación de servicios gráficos
	UC0205_3	Controlar la calidad del producto, a partir de las especificaciones editoriales	
	UC0206_3	Gestionar la fabricación del producto gráfico	

Correspondencia con el Catálogo Modular de Formación Profesional

Módulos certificado	Unidades formativas	Horas
MF0204_3: Planificación de la producción editorial	UF0248: Planificación del producto editorial	70
	UF0249: Elaboración del presupuesto	40
MF0205_3: Gestión y control de la calidad	UF0250: Especificaciones de calidad en preimpresión	50
	UF0251: Especificaciones de calidad de la materia prima	40
	UF0252: Especificaciones de calidad en impresión, encuadernación y acabados	60
	UF0253: Contratación y supervisión de trabajos de preimpresión	40
MF0206_3: Gestión de la fabricación del producto gráfico	UF0254: Contratación y supervisión de trabajos de impresión, encuadernación, acabados y gestión de materias primas	50
	UF0255: Análisis y control de la desviación presupuestaria del producto gráfico	30
MP0060: Módulo de prácticas profesionales no laborales		160

Índice

Capítulo 1
Parámetros de calidad en la materia prima para la impresión

Contenido

1. Introducción

La calidad de las **materias primas** es esencial para lograr resultados óptimos en el producto final del proceso de impresión. Una cuidadosa y efectiva selección de las materias primas, junto con un riguroso control de calidad, harán mejorar en gran medida la calidad general del producto final.

Las materias primas son todos aquellos materiales necesarios para llevar a cabo todos los pasos del proceso de impresión y producir resultados de alta calidad en el producto requerido por el cliente.

Estas materias pueden variar según el método de impresión utilizado, las tecnologías con las que se cuente y el tipo de producto final que se desee obtener. Por lo tanto, será imprescindible poder ofrecer al cliente tanta variedad de opciones como sea posible para que el producto se ajuste en la mayor medida posible a lo que el cliente solicita.

Resulta imprescindible conocer tanto las diferentes materias primas disponibles como sus parámetros y requisitos de calidad. Por lo tanto, se dedicará el presente capítulo a abordar los diferentes **soportes de impresión y las tintas que se usan en impresión,** así como el análisis de sus tipos y características, y los parámetros necesarios para la medición y comprobación de su calidad para obtener un producto final que satisfaga al cliente.

2. Soportes de impresión

Los **soportes de impresión** son los materiales o medios sobre los que se realiza la impresión de texto, imágenes u otros elementos gráficos. Pueden variar según las necesidades específicas del proyecto de impresión y el método de impresión utilizado, que han variado notablemente con el avance de las aplicaciones tecnológicas que se usan en la industria gráfica. La elección del soporte adecuado es fundamental para obtener resultados de impresión de alta calidad.

 **Consejo**

Es importante ajustarse lo máximo posible a los requerimientos del cliente, por lo que se le deberá ofrecer un muestrario para que vea las opciones disponibles de la imprenta, o bien digital o bien en físico, y a poder ser que venga acompañado de un ejemplo de varias muestras.

En impresión se suele distinguir entre tres tipos de soporte:

- **Soportes papeleros:** son los diferentes tipos de soporte en papel utilizados para imprimir documentos, imágenes u otros elementos. Son todos los papeles gráficos, papeles para envases y embalajes, y otros papeles especiales.
- **Soportes no papeleros:** son los soportes que no son papel pero en los que también se puede imprimir; la mayoría de los materiales con superficie son susceptibles de poder imprimirse en ellos textos e imágenes. Entre estos soportes estarían el plástico, el tejido o el vidrio.
- **Soportes compuestos:** son aquellos soportes que mezclan diferentes materiales tanto papeleros como no papeleros. Suelen estar formados por fibras vegetales y otros materiales como el plástico. Son por ejemplo las etiquetas adhesivas.

Al centrarse este manual en aquellas materias primas que se utilizan en el sector de la producción editorial, se pondrá atención solamente en los soportes papeleros, que son aquellos que se usan en este contexto.

2.1. Tipos de papel

Los **soportes papeleros** incluyen diferentes tipos de papel con diferentes características, que pueden variar en conceptos de grosor, textura o acabado, adaptándose a las necesidades de cada proyecto.

Historia del papel en impresión

A lo largo de la historia, el papel ha sido un elemento crucial en la divulgación del conocimiento y la cultura. Su fabricación e impresión son tan antiguas como la historia misma de la escritura.

Ya se encuentran las primeras formas papeleras en Egipto, pero fue en China, alrededor del **siglo II d. C.,** donde la fabricación del papel se empezó a producir a una mayor escala. Se utilizaban residuos de tela, cáñamo, seda, arroz o algodón.

Posteriormente llegó a Japón y ya hacia el **siglo VII** se fue extendiendo progresivamente a otras partes del mundo como Oriente Medio, la India y países de Europa, a través de las diferentes rutas comerciales. Hasta el **siglo XI** no se extiende en Europa su fabricación utilizando como materias primas cáñamo y trapos de lino.

 Sabía que...

La primera fábrica de papel de Europa estuvo en Valencia, concretamente en Játiva, donde se empleaba papel hecho con algodón.

Sin duda, el hito que marcó la historia de la impresión del papel fue la invención de la imprenta por **Johannes Gutenberg** en el año 1440. Fue entonces cuando el papel se convirtió en el principal soporte de impresión, gracias a que era más ligero, económico y fácil de producir que los materiales que se usaban hasta entonces, como el pergamino.

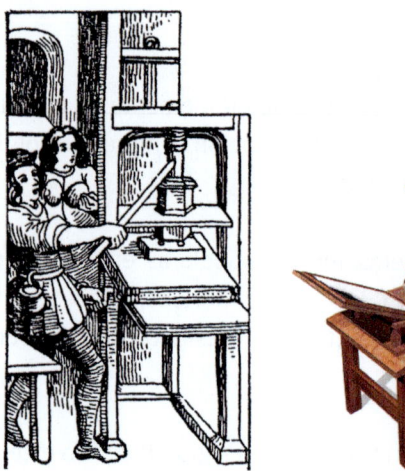

La imprenta en sus inicios en el siglo XV

Desde entonces se fueron desarrollando diferentes técnicas para mejorar la calidad del papel. Ya en el **siglo XIX,** con la Revolución Industrial, se crearon las primeras máquinas de fabricación de papel continuo, lo que aceleró y economizó enormemente el proceso de fabricación. Era el comienzo de la producción industrial del papel, con el desarrollo de periódicos de gran tirada y las primeras novelas superventas.

Con el paso del tiempo se fueron desarrollando cada vez mejores tecnologías, que aumentaban la calidad y el acabado del papel, permitiendo la impresión de distintos tipos de formatos y aportando características únicas al papel.

Hoy en día, la **digitalización** ha optimizado todos los procesos de fabricación del papel y de impresión, aumentando los tipos de formatos y aplicaciones.

 Actividades

1. ¿Cómo cree que ha optimizado la digitalización todos los procesos de impresión? Argumente su respuesta.

Fabricación del papel

En la industria gráfica hay disponible una gran variedad de papeles, cuyo proceso de fabricación varía según las características específicas que posea cada uno. No obstante, hay un proceso base que se sigue de manera general para la fabricación de cualquier soporte papelero.

Los papeles se fabrican con **celulosa,** presente en la madera que se extrae a partir de las fibras vegetales que se obtienen con la tala de árboles.

 Sabía que...

La tala de árboles no implica necesariamente la deforestación. En España, al igual que en otros países, el papel se produce con pinos y eucaliptos plantados con ese fin, cultivados y cuidados en bosques sostenibles.

Una vez seleccionados los árboles, cortados y eliminadas las ramas y la corteza, tras la consiguiente obtención de las fibras vegetales a través del molido de los troncos, comienza el proceso de fabricación del papel propiamente dicho. Empieza con la obtención de la **pulpa** (o pasta) bien de manera mecánica (se tritura mecánicamente la madera para separar las fibras), bien de manera química (se disuelve la lignina en la madera con productos químicos). Esto produce que se blanquee la pasta.

 Definición

Lignina
Es un compuesto orgánico básico de los tejidos leñosos de las plantas.

Tras esto se procede a mezclar la pulpa con agua en un gran recipiente llamado *pulper* y se realiza un proceso de refinado para separar las fibras de celulosa. Esta mezcla se vierte sobre una malla de alambre que filtra el agua y hace que las fibras se entrelacen formando una **hoja continua.**

Tras la formación de esta hoja continua, se pasa por unos rodillos giratorios de prensado que eliminan la cantidad de agua y le aportan densidad a la hoja. Debido a que todavía está húmeda, debe pasar por un proceso de secado con aire caliente. Una vez seca la hoja de papel se enrolla para formar una bovina, dándose así el alisado de la hoja para otorgarle la textura adecuada.

El último paso sería el **acabado,** en el que el papel pasa por otros rodillos fríos, que mejoran la calidad de la materia y le aportan sus características finales requeridas para el producto en cuestión. Tras este paso se le podrían dar acabados personalizados. Después solo quedaría certificar su calidad y empaquetarlo para su envío a las imprentas.

Proceso de producción del papel

 Sabía que...

En España existen unas 160 fábricas de papel, donde se producen los cerca de siete millones de toneladas de papel y cartón.

 **Actividades**

2. En el siguiente enlace se pueden consultar las empresas dedicadas al sector. Elija una de ellas y describa su actividad: objetivos, empleados, capital, ventas, posición en el *ranking,* ubicación, etc.

https://redirectoronline.com/uf02510101

Clasificación de los tipos de papel

Hay una amplia variedad de tipos de papel en impresión, con características específicas que los hacen eficaces para lo que se quiere conseguir con el producto final. A continuación, se describen los más usados de la industria.

Papel bond o papel de oficina

Se trata de un papel muy versátil, con un gramaje de entre 60 y 120 gramos, con una superficie lisa y uniforme y un color blanco brillante, por lo que aporta un fondo nítido para la impresión de texto y elementos gráficos variados. Se usa sobre todo para la impresión de documentos comerciales, facturas o cartas.

Papel estucado o couché

Es un papel con un gramaje de entre 90 y 300 g, recubierto con material, normalmente arcilla o carbonato de calcio en una o ambas caras, lo que proporciona una superficie lisa que permite la reproducción nítida de una amplia variedad de colores, resaltándolos. Se suele usar para la impresión de revistas, folletos, catálogos o cubiertas de libros. Hay tres tipos principales de papel estucado: mate, opaco y brillante. Este último se suele usar para materiales promocionales.

Papel offset

Es un tipo de papel que se utiliza en la impresión *offset,* donde la tinta se transfiere antes al sustrato que al papel en sí. Hay disponible una amplia gama de gramajes de este tipo de papel, que van desde los 50 hasta los 300 g. A diferencia del estucado, su superficie es porosa, por lo que absorbe rápidamente la tinta. Tiene una blancura natural que permite su uso en una amplia variedad de productos como libros, revistas, folletos, sobres, etc. Se puede distinguir entre offset blanco, de colores o ahuesado o crema.

El papel *offset* en cualquiera de sus tipos es de los papeles más usados por su versatilidad y coste efectivo para grandes tiradas de impresión.

 Actividades

3. ¿Puede mencionar algunos ejemplos de productos impresos que típicamente utilizan papel *offset?*

Papel reciclado

Se trata de un tipo de papel que se fabrica con materiales reciclados como papel usado, cartón o periódicos. Se usa principalmente por su sostenibilidad, ya que ayuda a controlar los residuos generados por el uso del papel. Debido al uso de fibras recicladas en su fabricación, tiene un aspecto más rústico y al tacto es más áspero, aunque cada vez encontramos en el mercado con mayor cantidad de variedades más suaves y uniformes. Se suele usar en embalaje, papel de oficina, cajas de cartón. etc.

Ejemplos de papel reciclado

 **Nota**

Este papel a menudo se blanquea utilizando métodos libres de color elemental, menos dañinos con el medio ambiente. Además, muchos tipos de papel reciclado están certificados por organizaciones como el Forest Stewardship Council (FSC) o el Programme for the Endorsement of Forest Certification (PEFC), que garantizan que el papel proviene de fuentes sostenibles.

Papel affiche

Su nombre se debe a su utilización para imprimir carteles o *affiches*. Suele tener un gran tamaño y un gramaje alto, que varía desde los 100 hasta los 200 g, para evitar que se rompa con facilidad, siendo más resistente al manejo y a las condiciones ambientales por si es necesario su uso en exteriores. Su superficie puede ser mate, satinada o brillante, dependiendo de las preferencias. Se usa sobre todo en publicidad, carteles para eventos, etc.

Papel fotográfico

Como su propio nombre indica, es el papel utilizado para la impresión de fotografías de alta calidad, con un gramaje superior al papel normal, desde los 200 a los 300 g, para garantizar su durabilidad. Está recubierto por una capa receptora de tinta para permitir la reproducción precisa de los detalles y los colores de la imagen. Tenemos tres tipos principales: el brillante, el satinado (con un brillo moderado) y el mate.

Se usa tanto para fotografías personales como para material promocional o exposiciones.

Papel texturizado

Es un tipo de papel que puede ser tanto mate como satinado o brillante. Su diseño agrega características visuales y sensoriales a los proyectos. Presenta una amplia variedad de gramajes y texturas, desde líneas o matices a rugosidades o relieve. Tiene sobre todo aplicaciones creativas como invitaciones de boda, tarjetas de felicitación, embalajes de lujo, papelería personalizada, etc.

Papel sintético

A diferencia del papel tradicional, este está fabricado con fibras de celulosa. Está hecho de polímeros sintéticos, que le añaden durabilidad y resistencia, sobre todo al agua. Se usa en mapas, menús, etiquetas de productos o materiales que se van a usar en el exterior como carteles y señalización.

Papel cartulina

El papel cartulina, o simplemente cartulina, es un papel más grueso, con un gramaje de entre 160 y 300 g, lo que lo convierte en un papel más rígido y, por tanto, más resistente. Suele tener una superficie lisa y lo encontramos disponible en una amplia variedad de colores con texturas brillantes, mate o satinadas.

Según su uso, se puede distinguir principalmente entre cartulina gráfica (tarjetas postales), *folding* (calendarios y cubiertas) y cartoncillo (cajas o envases). En cualquiera de sus tipos se usa para la impresión en cubiertas de libros.

 Actividades

4. En la fabricación del papel, se usaban antes fibras de celulosa, pero ahora se prefiere el uso de polímeros sintéticos. ¿Por qué cree que está ocurriendo esto?
5. ¿Qué tipo de papel usaría para realizar unas tarjetas de visita para una nueva empresa de zapatos? Justifique su respuesta.

Papel kraft

El papel *kraft,* comúnmente conocido como papel de embalaje, se identifica por su color marrón natural y su textura áspera y resistente, debido a que se fabrica con pulpa de madera no blanqueada, lo que hace además que sea muy sostenible. Se caracteriza por soportar cualquier tipo de manejo, por lo que se usa tanto en manualidades como en embalajes. Debido a sus características especiales, debe ser impreso mediante serigrafía y se deberán usar tintas especiales para su personalización.

 Definición

Serigrafía
Es el método de impresión en el que se transfiere el texto o la imagen que se desea estampar a través de una malla con tinta a una superficie.

Papel autocopiativo

Se trata de un tipo de papel para crear copias múltiples. A diferencia del papel carbón que se usaba anteriormente con este fin, este tiene varias capas impregnadas con pigmento reactivo que reaccionan al aplicar presión, sin necesidad de una copia intermedia. La copia resultante es idéntica al original. Tiene una gran variedad de aplicaciones administrativas y comerciales como facturas, formularios o informes.

Papel imantado

El papel imantado o magnético es un tipo especial de papel que contiene unas partículas magnéticas en su superficie que permiten adherirse a superficies metálicas como pizarras, neveras, puertas, etc. Por ello, se usa sobre todo en publicidad, juegos, decoración, etc.

Papel adhesivo o autoadhesivo

Este tipo de papel contiene un revestimiento adhesivo en una de sus caras que permite que se pegue a diferentes superficies debido a su fácil manejo y durabilidad, ya que es resistente al agua, a la abrasión, decoloración, etc.

Se puede encontrar en diferentes acabados como mate, brillante, con película de poliéster o de vinilo, etc. Además, para garantizar su manejo lo podemos encontrar en diferentes formatos, tanto hojas individuales como rollos y tiras precortadas. Se usa para etiquetas o decoración.

Papel tapiz

Comúnmente conocido como papel pintado o papel de empapelado, se usa como material decorativo para adornar paredes de interior. Tiene una gran versatilidad, ya que lo podemos encontrar tanto en una variedad de estilos, patrones, colores y diseños hasta en diferentes texturas.

Diferentes rollos de papel tapiz

Papel de Biblia

Es un papel caracterizado por su delgadez, ligereza y opacidad, características que permiten imprimir grandes cantidades de texto en un espacio reducido sin que resulte un libro demasiado grueso. Se usa fundamentalmente en la impresión de textos religiosos como la biblia, pero también lo podemos encontrar en diccionarios o enciclopedias.

Papel gofrado

Se trata de un tipo especial de papel que se ha sometido a un proceso de estampado en relieve (gofrado) mediante rodillos o placas grabadas, resultando en un papel con un patrón o textura en relieve en su superficie, lo que agrega interés visual y táctil. Se puede encontrar en una gran variedad de acabados y colores, por lo que su uso es versátil: tarjetas, invitaciones, etiquetas, decoraciones, etc.

Actividades

6. Busque en internet un ejemplo de un producto realizado con papel gofrado e indique cómo es su acabado para que aporte interés visual y táctil.

Papel prensa

Es el tipo de papel que se usa principalmente en la impresión de periódicos. Tiene un gramaje bastante bajo, entre 40 y 55 g, lo que permite que se impriman grandes volúmenes sin un peso muy alto. Su superficie es lisa y uniforme, lo que facilita la absorción rápida de la tinta, evitando así posibles manchas y la impresión de texto e imágenes claras y nítidas. Además, tiene la particularidad de tener un bajo coste.

Papel térmico

Se trata de un tipo especial de papel recubierto por una capa térmica, sensible al calor, en una de sus caras. Se imprime usando una impresora térmica que aplica calor, lo que produce que el papel reaccione y cambie de color, creando el texto o las imágenes, por lo que no requiere de tinta, algo que mejora su coste y rapidez. La principal desventaja es su durabilidad, ya que las imágenes pueden desvanecerse con el tiempo si son expuestas a altas temperaturas o a la luz solar directa.

Se suele usar para recibos, etiquetas de envío, billetes de transporte, fax, etc.

Papel verjurado

Es un tipo especial de papel en cuya superficie presenta unas líneas finas y paralelas llamadas verduras o verguetas, que suelen ser visibles al sostener el papel a contraluz. Estas líneas, que pueden ser más sutiles o más pronunciadas, le confieren al papel una textura distintiva y un acabado elegante. Se suele usar para tarjetas de felicitación, invitaciones, diplomas, certificados, etc.

Papel plantable o papel con semillas

Se trata de una opción biodegradable que ha surgido relativamente hace poco tiempo. Es un papel que contiene en su composición semillas de plantas, por lo que una vez usado se puede plantar directamente y dar lugar a plantas reales de una gran variedad, lo que le confiere un gran atractivo y sostenibilidad. Se suele usar en tarjetas de felicitación, invitaciones, etiquetas, embalaje o productos promocionales.

Papel metalizado

Es un papel que se encuentra recubierto con una capa de algún metal, normalmente aluminio, en una o ambas caras, con un acabado brillante y reflectante que llama la atención. Es muy flexible y maleable. Se puede imprimir en oro, plata y perlado. Se usa principalmente en etiquetas, embalaje, material promocional o decoración.

 Aplicación práctica

Una imprenta pequeña recibe la visita de un cliente que le pide una impresión en un material biodegradable poco típico de una fotografía con un paisaje con colores intensos y detalles. Quiere que la imagen quede natural y con colores vivos.

Explique el proceso que debería seguir la imprenta, qué tipo de impresión se debe usar, qué tipo de materias primas y sus acabados.

SOLUCIÓN

La imprenta decide utilizar papel plantable, porque es un papel totalmente biodegradable y que además es muy especial, ya que se puede plantar una vez usado, lo que le da un toque de distinción al producto final.

Para imprimir la imagen en este papel, la imprenta tiene que elegir un papel de semillas de alta calidad y superficie lisa. Este soporte proporcionará una base sólida y natural para la imagen, con una textura única que agregará elegancia y calidad a la fotografía.

Utilizará una impresora de inyección de tinta de alta resolución con tintas pigmentadas especiales para imprimir directamente sobre la superficie de este tipo de papel. Antes de la impresión, preparará el soporte con un tratamiento superficial para asegurar una adhesión adecuada de la tinta y una buena reproducción de los colores.

Continúa en página siguiente >>

<< Viene de página anterior

Como parte del proceso final, se asegurará de que la imagen impresa está perfectamente encajada y protegida, y que se ve con claridad, ya que hay que tener especial cuidado con este papel, que es bastante frágil y rugoso.

2.2. Formatos

En el contexto de la industria gráfica los formatos se refieren a las dimensiones y especificaciones del documento que se va a imprimir. Incluye aspectos como el tamaño del papel, la orientación vertical u horizontal, etc.

Formatos de papel ISO

Los formatos de papel estandarizados vienen determinados por la norma **ISO 216,** que define los formatos que se usan internacionalmente excepto en Estados Unidos y Canadá, donde se usa el formato *Letter.* Esta norma, que se define como "papel de escritura y ciertos tipos de impresos. Formatos acabados. Series A y B, e indicador de dirección máquina" (ISO 216:2008), está basada en la norma DIN 476 alemana. Esta norma permite clasificar los diferentes formatos de papel según el tamaño de la hoja, garantizando y asegurando la calidad del papel.

Para establecer las medidas, en cada serie se guarda una proporción que hace que cada una de las mitades tenga unos lados que son proporcionales al pliego original, lo que se consigue dividiéndolo por la mitad.

 Actividades

7. ¿Cómo es la norma que regula los tamaños en Estados Unidos? Busque información y descríbala indicando los tamaños estándar.

Los formatos de papel son conocidos como DIN. Se pueden encontrar varias divisiones; las series A y B son las que regulan el tamaño del papel.

 Nota

DIN son las siglas de Deutches Institut für Normung (Instituto Alemán de Normalización).

Serie A

Esta es la serie fundamental y tiene 10 subgrupos, que van desde el A0 al A10.

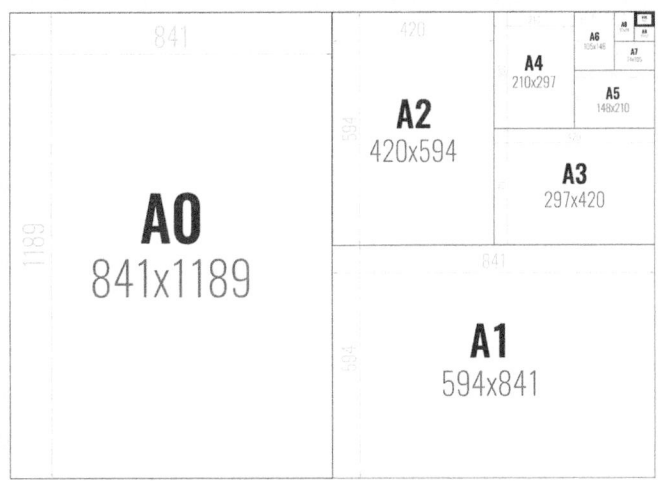

Tamaños de papel de la serie A

A continuación, se exponen los tamaños de cada tipo:

DIN	Tamaño (en mm)	Usos
A0	841 x 1189 mm	Cartelería
A1	594 x 841 mm	Materiales publicitarios como carteles o pósteres
A2	420 × 594 mm	Impresión fotográfica, diseño, carteles o calendarios
A3	297 × 420 mm	Pósteres, fotografías, revistas, diplomas o folletos
A4	210 × 297 mm	Documentos estándar como cuadernos, libros o revistas
A5	148 × 210 mm	Blocs de notas, libros, revistas o folletos
A6	105 × 148 mm	Postales, tarjetas de felicitación, agendas o libros
A7	74 × 105 mm	Calendarios de bolsillo, folletos o tarjetas de felicitación
A8	52 × 74 mm	Tarjetas de visita, etiquetas o pegatinas
A9	52 x 37 mm	Etiquetas y pegatinas
A10	37 x 26 mm	Tiques, vales o sellos

 Nota

Esta serie se ha ampliado para definir papeles más grandes que A0. Los más usados son 2A0, que es dos veces más grande que el A0 y el 4A0, que es cuatro veces más grande que el A0.

 Actividades

8. Aunque no se usan habitualmente, también existen el formato A11 y A12. Busque información sobre estos formatos. Indique sus medidas y sus principales usos. ¿Cree que hará falta una impresora especial para imprimir en estos formatos?

Para una impresión correcta, hay que tener en cuenta los márgenes que requiera el tipo de impresión que vamos a ofrecerle al cliente, teniendo en cuenta el formato de papel elegido.

Ejemplo

Para la impresión de un cartel en formato A0, hay que asegurarse de que la imagen sea de 841 x 1189 mm en 300 pp. También es importante añadir un margen de fondo perdido de 3 mm a las imágenes.

Serie B

Esta serie es menos habitual y se suele usar solo en entornos profesionales. Se emplea para obtener los tamaños intermedios en la serie A, que en ocasiones suelen resultar demasiado grandes o demasiado pequeños.

Tamaños de papel de la serie B

En la siguiente tabla se exponen los diferentes formatos:

DIN	Tamaño (en mm)
B0	1000 x 1414 mm
B1	707 x 1000 mm
B2	500 x 707 mm
B3	353 x 500 mm
B4	250 x 353 mm
B5	176 x 250 mm
B6	125 x 176 mm
B7	88 x 125 mm
B8	62 x 88 mm
B9	44 x 62 mm
B10	31 x 44 mm

Formatos de sobres ISO

Según la normativa ISO, **la serie C** es la que define los tamaños de los sobres. Se trata de una serie complementaria, ya que se adapta al resto de series, por lo que se mide por una norma diferente, la ISO 1015.

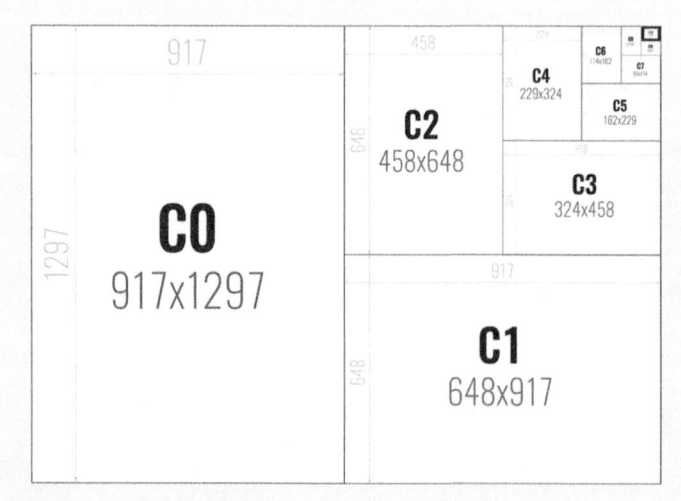

Tamaños de papel de la serie C

A continuación, se exponen los formatos:

DIN	Tamaño (en mm)
C0	917 x 1297 mm
C1	648 × 917 mm
C2	458 x 648 mm
C3	324 x 458 mm
C4	229 x 324 mm
C5	162 x 229 mm
C6	114 x 162 mm
C7	81 x 114 mm

 Nota

También se encuentra el formato DIN DL, cuyas medidas son 110 x 220 mm, que es algo más alargado que el resto.

 Actividades

9. ¿Cuál es el tamaño de papel más utilizado? Indique ejemplos.

Sabía que...

El formato DIN extendido lo comprenden las series RA y SRA, que están definidas por la norma ISO 217 y cubren el papel sin procesar, en bruto (papel crudo en láminas sin recortar). Estos tamaños son algo más grandes que la serie A, con el propósito de tener en cuenta el sangrado y las pinzas.

Aplicación práctica

Un cliente va a imprimir un libro de poesía con una tirada de 1.000 ejemplares, así que acude a una imprenta. La imprenta debe elegir el tipo de papel para la cubierta y los interiores.

El cliente ha pedido que sea en tapa blanda, pero quiere que destaquen las imágenes y que lleve falda con publicidad, así que también deben elegir el tipo de papel para este complemento.

Describa el tipo de papel elegido, incluyendo tanto el gramaje como los posibles acabados.

SOLUCIÓN

Para la cubierta del libro, necesita un papel resistente y duradero que pueda soportar el desgaste y el manejo frecuente. Optará por un papel estucado mate de gramaje medio a alto, alrededor de 250-300 g, que proporcionará una buena rigidez y protección a la portada del libro.

Podría considerar un acabado satinado para la cubierta, que puede agregar un toque de brillo sutil que destaque las imágenes, tal y como quiere el cliente.

Para las páginas del libro, necesita un papel que sea fácil de leer y agradable al tacto. Elige un papel *offset* de alta calidad con un gramaje de alrededor de 80-100 g. Este tipo de papel proporcionará una superficie suave y opaca que minimizará el deslumbramiento y la fatiga visual durante la lectura. Un acabado mate sería la opción más adecuada, ya que reduce el deslumbramiento y mejora la legibilidad del texto.

Continúa en página siguiente >>

<< Viene de página anterior

Para la falda del libro, necesita un papel flexible pero resistente, por lo que elegirá un papel estucado de un gramaje de alrededor de 150-200 g.

2.3. Características fisicoquímicas de los soportes: dureza, rugosidad, gramaje, humedad, blancura, componentes cromáticas

Los soportes de impresión, ya sean papeleros, no papeleros o compuestos, poseen una serie de características fisicoquímicas que influyen en su aptitud para la impresión, la calidad de los resultados, la compatibilidad entre los materiales y la eficiencia de todo el proceso de impresión.

Con características fisicoquímicas se está haciendo referencia a aquellos aspectos relacionados con las propiedades físicas y químicas de las materias primas de los sustratos utilizadas en el proceso de impresión, y tienen que ver con factores como la composición de la materia, el proceso de fabricación utilizado, el tratamiento recibido y el acabado de este.

Dureza

La dureza del papel se refiere a la resistencia del papel a ser perforado, rasgado o desgarrado por presión exterior. Mide la fuerza que se necesita para romper o deformar el papel.

 Nota

Hay que tener en cuenta que la dureza del papel no siempre está relacionada con su resistencia, ya que se puede tener un papel muy duro que sea susceptible de romperse.

Para medir la dureza del papel se utilizan preferentemente las siguientes técnicas o pruebas:

- **Prueba de punción:** se mide la fuerza para perforar un papel con un punzón.
- **Prueba de rasgado:** se mide la fuerza para rasgar un papel.
- **Prueba de flexión:** se mide la fuerza necesaria para doblar un papel.

Rugosidad

La rugosidad es la textura superficial del papel, debido a las irregularidades de la superficie. La rugosidad del papel se mide en micrómetros o milésimas de milímetro, con un instrumento llamado *rugosímetro* o *perfilómetro.*

 **Definición**

Rugosímetro o perfilómetro
Es un instrumento que mide la altura de los picos y valles en la superficie del papel.

La rugosidad del papel afectará a la calidad de la impresión, debido a que un papel más rugoso puede absorber más tinta y producir un acabado menos nítido que si fuera menos rugoso. También afectaría a la escritura y a la textura del papel.

Gramaje

El gramaje es una de las propiedades que más determina la mayor resistencia y durabilidad, ya que cuanto mayor sea el gramaje mayor grosor tendrá el soporte y más resistente será.

El gramaje es el peso de un metro cuadrado que tiene una determinada hoja de papel (g/m^2).

Ejemplo

Si un papel tiene un gramaje de 200 g, significa que una hoja de 1 m² pesa un total de 200 g.

A continuación, se puede observar una tabla con los tipos de gramaje más usados:

Gramaje	Usos
Hasta 50 g	Papel fino para periódicos o recibos
50 g a 100 g	Papel para impresión estándar
60 g a 200 g	Papel para etiquetas y embalajes
60 g a 115 g	Papel para interiores de libros o planos
80 g a 120 g	Papel para materiales promocionales
100 g a 150 g	Papel para revistas y catálogos
100 g a 200 g	Papel para pósteres y carteles
135 g a 200 g	Papel para folletos o *flyers*
200 g a 300 g	Papel para tarjetas de visita
Más de 200 g	Cartulina. Papel para portadas de libros

De todas formas, el gramaje puede variar según las preferencias que solicite el cliente y sus necesidades de cara a obtener una calidad específica en el producto final.

Nota

El gramaje más usado debido a su calidad/precio es el de 80 g.

Ejemplo

Para calcular el gramaje de un papel es necesario una balanza de precisión y una calculadora, y seguir los siguientes pasos:

1. Cortar una muestra del papel para que sea más fácil su manejo.
2. Calcular la superficie de la muestra, multiplicando lado por lado.
3. Pesar esa superficie del papel y realizar una regla de tres simple:

valor de la superficie en cm² ——— peso de la superficie del papel en gramos
1 m² (10.000 cm²) ——— X g

4. Realizar la regla de tres para obtener el valor de X, que dará el gramaje del papel en gramos por metro cuadrado.

Actividades

10. Calcule el gramaje de una hoja de papel si tiene una muestra que mide 10 cm x 10 cm y un peso de 5 g. Explique los pasos que realiza hasta llegar a la solución.

Humedad

Se refiere a la cantidad de agua presente en el soporte, que se expresa como un porcentaje del peso del papel en su estado seco. Se puede hablar de dos tipos de humedad:

- **Humedad absoluta:** el agua del papel se determina con una desecación a 105 °C. Como resultado, si el papel cede a la humedad se seca y si el papel absorbe humedad, se ondula.

- **Humedad relativa:** es la pérdida o ganancia de agua en relación con el aire, que tiene que ser equilibrado.

Existen varios métodos para medir la humedad. Los más usados son:

- **Método de la estufa:** el papel se pesa y se coloca en una estufa a una temperatura dada, tras lo que se pesa y se determina el agua perdida y la humedad.
- **Método del higrómetro:** se mide la humedad con un instrumento conocido como higrómetro, que mide la humedad relativa del aire en contacto con el papel.

Blancura

Es la capacidad del papel para reflejar la luz y parecer blanco a la vista, que puede influir en su apariencia, legibilidad y calidad. Es importante, ya que el blanco es el ideal para la reproducción en cuatricromía.

 Definición

Cuatricromía
Es un sistema de impresión que se basa en la reproducción de imágenes mediante el modelo CMYK.

Normalmente se mide usando un **espectrofotómetro,** que mide la reflectancia de la luz. Los resultados se expresan según un índice de blancura (un valor más alto indica un papel más blanco). Un blanco perfecto debería tener una reflectancia de un 100 %, pero esto no existe.

El índice de blancura es el **índice CIE,** cuyos rangos son:

- CIE menos de 159: blancura clásica.
- CIE 159 a 163: buena blancura. Tiene una impresión nítida.
- CIE 164 y más: blancura extra. Otorga opacidad al documento, necesaria para ciertas impresiones.

Por tanto, a medida que el índice aumenta, el papel será más blanco y brillante.

Nota

El **índice CIE** (Comission Internationale de l'Éclairage) es un espacio de color definido matemáticamente.

El índice CIE se encuentra regulado por la norma ISO 11475:2017, que determina la blancura CIE de soportes en condición de medida D65/10 (luz diurna). Los valores obtenidos corresponden a la apariencia visual de los soportes blancos cuando se visualizan bajo el iluminante D65.

Actividades

11. ¿Qué es el iluminante D65? Busque información e indique de qué se trata.

Componentes cromáticos

Algunos soportes pueden contener aditivos para modificar el color o las propiedades ópticas. Son los denominados componentes cromáticos, que son fundamentalmente los pigmentos.

Los **pigmentos** son aquellas sustancias que proporcionan color a las materias primas. Pueden ser de origen natural o sintético. Tienen una amplia gama de colores y suelen ser resistentes a la luz, el calor, la humedad y otros factores ambientales. Existe una gran variedad de pigmentos: orgánicos, sintéticos, metálicos, fluorescentes, etc.

 Nota

Los pigmentos más utilizados son el caolín, el sulfato de bario, el carbonato de calcio o el dióxido de titanio.

La **coloración** sería el proceso mediante el que se añaden los pigmentos a un sustrato para cambiar su apariencia visual. Hay colorantes naturales, colorantes a base de agua, colorantes pigmentados, etc.

 Aplicación práctica

Un cliente tiene que imprimir una serie de carteles para una exposición de arte al aire libre en un parque. Los carteles deben ser duraderos y capaces de resistir las condiciones climáticas variables, como la luz solar directa, la humedad y el viento. Además, se desea que los carteles sean visualmente atractivos y de alta calidad para atraer la atención de los visitantes. Por ello, la imprenta ha acordado con él usar la

Continúa en página siguiente >>

<< Viene de página anterior

madera para la impresión de esos carteles, ya que es sólido y resistencia al tiempo, y tendrá densidad media.

Indique cómo debe tener en cuenta las características fisicoquímicas del soporte elegido. Enumere cada una de ellas.

SOLUCIÓN

▐ Dureza: la madera seleccionada debe tener una dureza suficiente para resistir golpes y arañazos, y las posibles inclemencias del tiempo.
▐ Rugosidad: se busca una madera con una superficie lisa y uniforme para una impresión de alta calidad, ya que son carteles que contienen tanto texto como imágenes o fotografías.
▐ Gramaje: se elige papel sintético con un gramaje adecuado para garantizar la estabilidad y resistencia del cartel de entre 150 g y 180 g.
▐ Humedad: se aplica un sellador resistente al agua en la madera para protegerla de la humedad, ya que va a estar al exterior. Usaremos un higrómetro para medir que la humedad sea la adecuada.
▐ Blancura: se busca un papel sintético con un acabado blanco o neutro para garantizar una reproducción fiel del color.
▐ Componentes cromáticos: se asegura que el papel esté libre de cualquier tinte o impureza que pueda afectar la calidad de la impresión. Se usarán pigmentos sintéticos, ya que son más resistentes. Además, ofrecen una gran variedad de colores.

2.4. Instrumentos de medición, inspección y ensayo: balanza, microscopio, IGT, medidor de rigidez TABER...

Los instrumentos de medición, inspección y ensayo en el proceso de impresión son las **herramientas** que se utilizan para la evaluación y control de aspectos involucrados en la impresión y en el resultado final, que ayudan a garantizar que los parámetros de calidad se cumplan y satisfagan las necesidades del cliente.

Balanza

La **balanza** se usa para determinar el peso de diferentes sustratos o componentes usados en la impresión. Se utiliza con el fin de controlar la cantidad de material, la cantidad de tinta que se debe usar o verificar la consistencia del papel u otros sustratos. Los datos obtenidos se miden en gr/m². Se suele usar tanto una balanza mecánica como digital.

Microscopio

En impresión, el **microscopio** se utiliza para realizar inspecciones de calidad, para examinar los sustratos e identificar posibles problemas como la formación de grumos o la falta de detalle. Se usan sobre todo para las siguientes tareas:

- Realización de inspecciones visuales para detectar defectos como faltas de registro, manchas o imperfecciones de color.
- Detección de problemas en las placas de impresión como rayaduras, desgastes, falta de definición, etc.
- Evaluación de la calidad del tamaño y uniformidad de los puntos y de la resolución de las tramas.
- Analizar la estructura y composición de los sustratos, lo que contribuye al desarrollo de productos más avanzados.

Medidor IGT

Es un instrumento que se usa para medir los parámetros que afectan a la calidad de impresión, evaluando la composición de los sustratos. Son necesarios para garantizar la uniformidad del sustrato.

 Nota

El Instituto de Tecnología Gráfica o IGT es una organización internacional dedicada al desarrollo y estandarización de tecnologías de la impresión.

Mide sobre todo la resistencia superficial de los sustratos, para lo que utiliza la velocidad, simulando la velocidad de impresión. A mayor velocidad, mayor es la tensión que ejerce la tinta sobre el soporte. Por lo tanto, cuanto mayor sea el espacio entre el inicio del movimiento y donde comienzan los desprendimientos, mayor será la resistencia del sustrato.

Medidor de rigidez TABER

Este instrumento se utiliza para medir la rigidez de sustratos flexibles, como papel, cartón o plástico. Funciona mediante la aplicación de una fuerza perpendicular a una muestra de material, en forma de tira o plaza. La fuerza que se aplica produce una flexión en la muestra. El medidor registra la cantidad de flexión.

 Nota

Se denomina así porque es fabricado por TABER Industries, una empresa reconocida por sus instrumentos de prueba y medición para la industria gráfica. Además de este medidor también fabrican probadores de abrasión, de resistencia al rayado, de adhesión o de impacto.

Puede medir tanto la rigidez estática como la dinámica:

- **Rigidez estática:** es la resistencia de un material a la flexión cuando se aplica una carga constante.
- **Rigidez dinámica:** es la resistencia de un material a la flexión cuando se someten a cargas que varían con el tiempo.

Higrómetro

Se utiliza para medir la **humedad** del papel, que suele tener una humedad inherente de un 5 %. Cuando no está equilibrada puede provocar errores: el exceso produce fallos de registro y la falta puede provocar problemas de plegado.

Se usa también para medir y controlar la humedad relativa de la sala de impresión, crucial para prevenir los problemas como la deformación de la placa de impresión o los cambios en la viscosidad de la tinta.

Micrómetro

Se usa para medir el **grosor** del sustrato. Es útil sobre todo para comprobar que tiene el grosor correcto para usar una determinada técnica de impresión o una determinada impresora.

También se usa para medir las placas de impresión en impresión *offset* y en flexografía, importante para garantizar la calidad del resultado final.

 Definición

Flexografía
Es un método de impresión en el que se emplean planchas flexibles que transfieren la imagen directamente al sustrato. Se usa sobre todo en embalajes de plástico o papel gracias a su flexibilidad.

3. Tintas

Dentro de la industria gráfica, las **tintas** son aquellas sustancias consistentes en una mezcla polimérica en disolución a la que se le añade un pigmento para impartir color, que bien pueden ser líquidas o semilíquidas, y que se utilizan para transferir texto o elementos gráficos a un sustrato, tanto en soporte papelero como no papelero.

El origen de la tinta se remonta a las antiguas civilizaciones y se lleva utilizando desde el **siglo 400 a. C.** en el antiguo Egipto, Babilonia y China, aunque su invención se atribuye a estos últimos, hacia el 2500 a. C. Desarrollaban tintas compuestas de materiales naturales como arcilla, carbón, aceites vegetales y pigmentos minerales, unas tintas que normalmente se aplicaban con instrumentos tallados en madera, pinceles o plumas de caña.

Sabía que...

En el Imperio romano se usaba una tinta púrpura llamada *sacrum encaustum,* fabricada con la secreción de la glándula hipobranquial del murex, un molusco.

Con la llegada de la **Edad Media** se popularizaron por Europa tintas con pigmentos vegetales como el carmín y el índigo, y se usaban para escribir manuscritos y libros. También se usaban tintas a base de tinta de sepia, hollín o restos de vino para fabricar tinta roja.

Gracias a la invención de la imprenta por J. Gutenberg en el **siglo XV,** al igual que ocurrió con el papel, se produjo una gran evolución de las tintas, ya que se desarrolló una tinta compuesta por aceite de linaza, resina y humo que se adhería bien al papel y permitía la impresión de los textos en la prensa.

Sabía que...

El pigmento negro se obtenía del hollín que se generaba al quemar carbón.

Posteriormente, entre los **siglos XIX y XX,** se desarrollaron nuevas fórmulas químicas para las tintas. Se crearon tintas a base de aceite, de agua, de secado rápido o de secado ultravioleta, que se adaptaban a las nuevas formas de impresión y a más variedad de sustratos.

En el **siglo XX** llegó la gran revolución con la llegada de la tecnología digital, con los ordenadores, las impresoras y los cartuchos de tinta. Se desarrollaron tintas específicas para impresión digital, diseñadas para las nuevas impresoras. Eran tintas con solventes, de látex o de sublimación.

En la actualidad la evolución de las tintas va de la mano de las normativas que exigen la regulación de las materias primas, los aditivos y componentes, que poseen especificaciones sobre su peligrosidad con el ser humano y su **sostenibilidad** con el medio ambiente.

 Actividades

12. Investigue la historia y creación de los cartuchos de tinta. ¿Cuándo se crearon? ¿Cómo cree que han evolucionado hoy en día?

3.1. Tipos de tinta

En impresión se suelen clasificar los tipos de tinta mediante dos tipos de parámetros: el modo de impresión y la composición de las tintas.

Clasificación según el modo de impresión

Los **modos de impresión** son aquellos métodos que se utilizan para transferir los textos o imágenes a un sustrato físico de un soporte. Según el modo de impresión que se elija para el producto final, se elige un tipo de tinta u otro, que se adapte tanto a la máquina escogida como a las especificaciones acordadas con el cliente.

Así, los tipos de tinta más usados son los que se describen a continuación.

Tintas para offset

Son tintas de base oleosa que se componen de pigmentos, aceites y solventes y se pueden usar para la impresión de una amplia variedad de sustratos, desde papel o cartón hasta metal. Poseen mucha durabilidad y consistencia de color.

Aplicación de tintas en máquina impresora para impresión offset

Tintas para flexografía

Son tintas o bien a base de agua o bien a base de solventes. Se pueden usar en una amplia variedad de sustratos. Tienen un rápido secado y buena adhesión a diferentes materiales.

Tintas para huecograbado

Tienen las mismas características que las tintas para flexografía, pero estas se suelen utilizar para imprimir detalles finos, gracias a su capacidad de alta resolución y consistencia del color en la impresión.

Nota

El **huecograbado** es una de las técnicas más antiguas. Es un método de impresión en el que las imágenes o el texto se transfieren al sustrato a través de cilindros grabados en relieve.

Tintas para serigrafía

Son tintas a base de agua, disolventes o PVC. Se pueden usar en una amplia variedad de sustratos.

Actividades

13. En la serigrafía las tintas que más se usan son aquellas a base de agua, pero hay muchos tipos disponibles. Unas de ellas son las tintas a base de silicona. ¿Sabe cómo son estas tintas? Busque información sobre ellas.

Tintas ultravioleta (para impresión UV)

Estas tintas se pueden usar en la mayoría de los tipos de impresión por su alta resistencia a la luz, la abrasión y los productos químicos. Tienen la ventaja de secar inmediatamente en cuanto se exponen a luz ultravioleta. Son más costosas que el resto.

Clasificación según la composición de las tintas

Aunque normalmente se tiende a clasificar las tintas según el modo de impresión, también se pueden definir los tipos según sus componentes y características principales.

Tintas a base agua

Son tintas que usan el agua como vehículo para los pigmentos y aditivos. Se usan, generalmente, en impresión *offset* y en flexografía por su buena saturación al color, aunque son menos resistentes a la abrasión que otros tipos de tintas. No se recomienda su uso en exteriores, ya que son poco resistentes a las condiciones atmosféricas y a la luz solar. Se usan sobre todo en carteles, fotografías, envases de alimentos, etc.

Tintas a base de solventes

Son tintas que usan solventes orgánicos (predominantemente acetona) como vehículo para los pigmentos. Se suelen usar en serigrafía y en flexografía, debido a su resistencia para imprimir señalizaciones o componentes de vehículos. Sin embargo, muchas veces se desaconseja su uso porque, debido a la liberación de compuestos orgánicos volátiles (VOC), tienen un fuerte olor y pueden tener un impacto medioambiental indebido, ya que su composición es corrosiva.

 Nota

Como alternativa a las tintas a base de solventes han surgido en la actualidad las llamadas **tintas ecosolventes,** que usan extractos de aceite refinado, por lo que son menos perjudiciales tanto para la salud como para el medioambiente. Se usan sobre todo para lonas o *banners.* Pese a que se prefiere su uso, tienen menor calidad, ya que su durabilidad es de entre 12 y 18 meses, sobre todo en plásticos.

 **Actividades**

14. Lea el texto de la página web del enlace sobre el uso de tintas ecológicas y realice un resumen destacando sus puntos más importantes.

https://redirectoronline.com/uf02510102

Tintas a base de ultravioleta

Son tintas que se secan muy rápidamente ante la exposición a la luz UV, gracias a que pasan por una reacción química llamada polimerización, a través de la que se crea una capa entintada resistente. Se suelen usar en impresión *offset* y flexográfica. Son muy duraderas y resistentes, además de que pueden usarse en multitud de soportes, como plástico o metal. Dan resultados altamente nítidos.

Tintas de látex

Son tintas que usan partículas de látex como vehículo de los pigmentos. También se conocen con el nombre de tintas de resinas, ya que están compuestas por ellas, agua y aditivos. Debido a su gran resistencia, se suelen usar en impresoras de gran formato. Admiten una gran variedad de colores y son muy respetuosas con el medioambiente. Es una de las tintas más sostenibles y se suelen usar en cartelería, fotografía o vinilos.

Tintas de sublimación

Son tintas que no están en estado líquido, sino que pasan del estado sólido al gaseoso mediante presión y calor. Se usan en impresoras de sublimación para imprimir en sustratos como tejidos o cerámica. Para la aplicación al sustrato, normalmente se imprimen en un papel de transferencia, que luego se fija al sustrato elegido a través de calor con una plancha transfer.

Tintas sólidas

Son unas tintas con una textura similar a la cera. Cuando se calientan, pasan a ser líquidas. Se pueden usar en las superficies de cualquier sustrato y no necesitan absorción, por lo que también son menos duraderas.

 Aplicación práctica

Un cliente que tiene una empresa de alimentación le ha encargado a una imprenta una serie de productos para los que debe usar las tintas que crea más adecuadas. Los productos son: etiquetas para productos alimenticios, folletos promocionales y tarjetas de visita.

Elija una tinta para cada producto y justifique su elección basándose en las propiedades de las tintas y en los requisitos de calidad y durabilidad de cada impresión.

SOLUCIÓN

Para elegir las tintas más adecuadas para cada uno de los productos solicitados por el cliente, es necesario considerar una variedad de factores, como las propiedades de las tintas, los requisitos específicos de calidad y durabilidad de cada impresión, así como la normativa relacionada con la seguridad alimentaria y la legislación sobre etiquetado de alimentos:

▌ Etiquetas para productos alimenticios. Se debe priorizar el uso de tintas aptas para el contacto con alimentos, que cumplan con las regulaciones de seguridad alimentaria. Las tintas a base de agua son una buena opción, ya que son seguras para el contacto

Continúa en página siguiente >>

<< Viene de página anterior

con alimentos, y ofrecen una buena resistencia a la humedad, a la abrasión y al desgaste, ya que las etiquetas pueden estar expuestas a condiciones adversas durante el almacenamiento y el transporte.

I Folletos promocionales. Para los folletos promocionales, es importante utilizar tintas que ofrezcan colores intensos y una excelente calidad de impresión para captar la atención del público. Las tintas a base de solventes son una buena opción, ya que proporcionan colores intensos y una rápida velocidad de secado, lo que facilita la producción en grandes cantidades.

I Tarjetas de visita. Las tarjetas de visita son un elemento importante de la imagen corporativa de una empresa, por lo que es importante utilizar tintas que proporcionen una impresión nítida y de alta calidad. Las tintas o las tintas a base de UV son perfectas para este producto, ya que ofrecen una excelente definición de los detalles y una reproducción precisa de los colores.

3.2. Composición fisicoquímica de las tintas: medición calorimétrica, viscosidad, densidad, rigidez, transparencia, tolerancia entre tintas y capacidad de emulsificación con el agua

Las tintas que se usan en los procesos de impresión son mezclas de componentes fisicoquímicos que se han desarrollado para cumplir con requisitos específicos de impresión como adherencia, secado y resistencia.

Componentes fisicoquímicos de las tintas

Las tintas están compuestas por una serie de sustancias y elementos que le aportan las cualidades únicas.

Pigmentos

Son las **materias colorantes** de origen natural o sintético que dan color a la tinta según la absorción y difusión de la luz.

Para su elección se deben tener en cuenta factores como el color, la transparencia, la resistencia a los agentes químicos o el calor, la viscosidad de la tinta o la capacidad de impresión.

 **Nota**

Los pigmentos no se deben confundir con los colorantes, que son compuestos químicos que se disuelven en la tinta.

Resinas

Son los componentes que hacen que la tinta se adhiera correctamente a la superficie del sustrato, que tenga resistencia y, por tanto, durabilidad en el tiempo y flexibilidad.

Las resinas más utilizadas en la fabricación de tintas son las compuestas por poliuretano, por poliéster, de acrílico o de nitrocelulosa.

Disolventes

Son aquellos líquidos que se usan para disolver los componentes de la tinta para que sea fácil de aplicar y se evapore rápidamente. Pueden ser orgánicos, estar hechos a base de agua, o una mezcla de ambas. Deben cumplir los siguientes requisitos:

1. Las resinas se deben disolver perfectamente.
2. Su evaporación debe ser progresiva para que la tinta se seque adecuadamente, tanto sobre el soporte como sobre los cilindros de la impresora.
3. La máquina no puede verse afectada por los disolventes.
4. Los disolventes deberán tener compatibilidad con el soporte que se va a imprimir.

Aditivos

Son aquellos **componentes químicos** que se agregan a las tintas para mejorar algunas características de estas como la viscosidad, la estabilidad del color, el secado, etc.

Los aditivos básicos que deben llevar todas las tintas son:

- **Aditivos secantes:** facilitan el secado de la tinta.
- **Aditivos antisecantes:** ayudan a retrasar el secado, para que no actúe en la máquina de impresión.
- **Ceras:** dan resistencia al rozamiento y abrasión del producto impreso.
- **Correctores de viscosidad y tiro:** hacen que las tintas tengan mayor o menor fluidez.
- **Suavizantes:** reducen el tiro y la viscosidad de la tinta.
- **Cargas:** se usan para reducir el tono de la tinta.
- **Pasta antirrepintado:** protege la tinta recién impresa.

 Definición

Tiro de la tinta
Es la cantidad de tinta que se transfiere desde los rodillos de la impresora al sustrato.

Requisitos específicos de los componentes fisicoquímicos de las tintas

Para que los componentes sean los adecuados para que la estructura de cada uno de los tipos de tintas que se van a utilizar sea equilibrado y apto para la impresión y el modo elegido, estos deberán cumplir con una serie de requisitos específicos.

Medición calorimétrica

La medición calorimétrica no es un requisito en sí, sino un método de análisis de las propiedades térmicas de las tintas, que proporcionarán información útil sobre el comportamiento de estas durante la impresión.

 Definición

Calorimetría
Es la ciencia encargada de medir el calor absorbido o liberado en una reacción química o un cambio físico.

Algunas de las propiedades que se pueden medir mediante este método son:

- **Temperatura o punto de fusión:** es la temperatura a la que la tinta comienza a fundirse.
- **Capacidad calorífica:** la cantidad de calor necesaria para subir la temperatura de la tinta en una cantidad determinada.
- **Estabilidad térmica:** es la resistencia de la tinta a la degradación térmica o el cambio de composición térmica debido a la exposición al calor.
- **Entalpía de combustión:** es la cantidad de calor liberada durante la combustión de una sustancia.
- **Entalpía de fusión:** es la cantidad de energía térmica liberada o absorbida durante la fusión de la tinta. Nos da detalles sobre la estabilidad de la tinta.
- **Compatibilidad con el sustrato:** evalúa cómo interactúa la tinta con el sustrato que se va a utilizar cuando exponen a una determinada temperatura y presión durante la impresión.

 Nota

La **entalpía** es una función termodinámica que describe la cantidad de energía de un sistema. Es la suma de la energía interna del sistema y el producto de la presión y el volumen del sistema ($H = U + PV$).

El instrumento que se usa para medir estas propiedades es el **calorímetro,** que mide los cambios de temperatura, y la absorción y liberación del calor durante una reacción química o cambio físico.

 Actividades

15. ¿Qué partes tiene un calorímetro? Busque información y enumérelas.

Viscosidad

La viscosidad es la resistencia al flujo de la tinta, es decir, la propiedad de las tintas de fluir más o menos fácilmente. Afecta a la transferencia de la tinta al sustrato durante la impresión, por lo que una viscosidad inadecuada puede causar una cobertura desigual, problemas de registro o la aparición de puntos secos. Las tintas con mucha viscosidad crean adherencia y dificultan la transferencia de la imagen al sustrato, mientras que una baja viscosidad puede hacer que la tinta sea más difícil de controlar, lo que se traduciría en una pérdida de nitidez.

Ejemplo

Las tintas grasas son muy viscosas debido a que están compuestas con aceites estandolizados (espesos). Las tintas líquidas son menos viscosas porque están formadas por disolventes volátiles y colorantes de mucho menor peso.

El instrumento más usado para medir la viscosidad es el **viscosímetro,** que puede ser capilar (mide el tiempo que tarda la tinta en fluir a través de un tubo bajo la influencia de la gravedad) o rotacional (mide la resistencia de la tinta al movimiento de un rotor sumergido en ella).

Actualmente también existen modernas máquinas de impresión que tienen incorporado un medidor de viscosidad en línea, que monitorea la viscosidad de la tinta durante todo el proceso de impresión.

Ejemplo

Para ajustar la viscosidad de las tintas se pueden o bien añadir solventes para reducirla, o bien añadir espesantes para aumentarla.

Densidad

La densidad es una medida de la concentración de pigmentos en una determinada cantidad de tinta. Una densidad de tinta adecuada es importante para la calidad de la imagen, ya que, si es insuficiente, la impresión saldrá descolorida, sin embargo, si es excesiva, habrá una saturación de tinta. Además, mientras mayor sea la densidad de la tinta, mayor será la intensidad del calor.

Esta propiedad se mide usando un **densitómetro,** un instrumento que mide la densidad óptica de la tinta en una muestra. Obtiene unos valores de densidad con unos números que se corresponden con el porcentaje de luz reflejado en el sustrato. Cuanto menor sea la luz reflejada, mayor densidad habrá y mayor será el espesor de la capa de tinta; por el contrario, mientras más luz reflejada, menor será la intensidad y menor será el espesor de la capa.

Ejemplo de densitómetro digital

Ejemplo

Para imprimir en papel estucado brillante en color cian se precisa una densidad de tinta de 1,40, frente al 1,05 idóneo para el amarillo. En el caso de la impresión en *offset,* la cifra desciende, hasta alcanzar el 1,05 en negro o el 0,95 en amarillo.

Rigidez

La rigidez es la capacidad de la tinta para mantener su forma y resistir la flexión o deformación al aplicarla al sustrato. Es especialmente importante cuando se requiere una alta precisión, como en la impresión de textos con líneas detalladas y gráficos precisos.

Esta capacidad puede verse afectada por varios factores:

- La formulación de la tinta, que incluye los tipos y la concentración de los pigmentos y aditivos. Algunas resinas pueden proporcionar mayor rigidez.
- La viscosidad de la tinta. Una tinta más viscosa será más rígida y al contrario.
- El proceso de secado de la tinta. Una tinta que esté seca será más rígida que una húmeda.
- El tipo de sustrato que se va a usar, ya que algunos pueden absorber la tinta y reducir la rigidez.

Transparencia

La transparencia es la capacidad de la tinta para permitir que la luz pase a través de ella. Es importante cuando se quiere crear una superposición de colores para efectos sobre un sustrato transparente.

Le afecta sobre todo la densidad de la tinta, ya que, mientras más densa sea, más opaca será la tinta, al igual que ocurre con la capacidad de cobertura y el espesor de la capa de tinta.

Tolerancia entre tintas

Con tolerancia entre las tintas se hace referencia a la uniformidad en cuanto a tono, saturación y otros atributos de los colores producidos por diferentes muestras de tinta.

Establecer una tolerancia significa elegir el límite de cuánta diferencia es aceptable entre un color objetivo y sus valores de producción. Haciendo referencia en la diferencia de color entre las muestras de tintas y las muestras de referencia (muestras representativas de diferentes colores), se establecerán las tolerancias aceptables para cada color.

La diferencia de color se obtiene creando primero muestras de color con programas como *Color Sync*, *Photoshop* o *Apple Digital Color Meter*, que se medirá con la función delta del espectrofotómetro.

El programa más usado para muestras de color es *Photoshop,* con una herramienta que facilita la edición de los colores de la imagen.

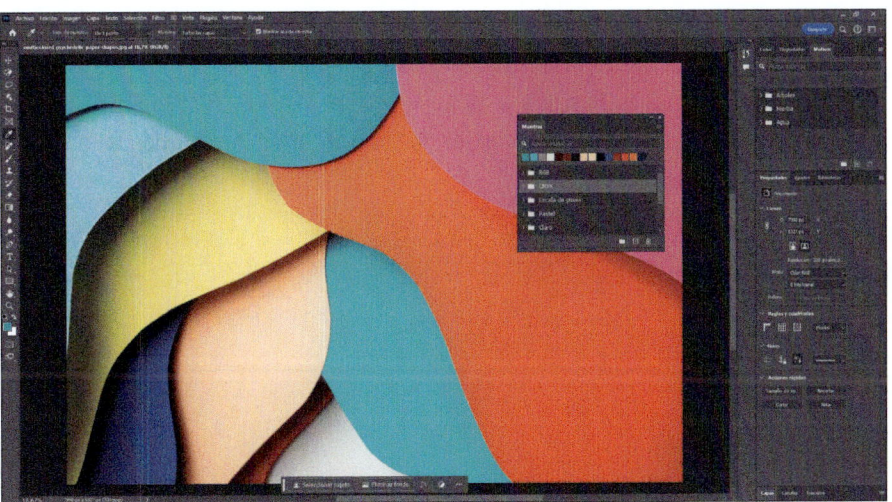

Ejemplo de las muestras extraídas de una imagen usando Photoshop

Una vez se obtengan estas medidas se calculan las tolerancias aceptables del color.

Estas tolerancias aceptables se establecen utilizando el índice de diferencia de color (ΔE), que cuantifica la diferencia de color en un espacio de color como CIELAB. También se conoce como **espacio de color Lab,** donde *L* es luminosidad, *a* es rojo/verde y *b* es amarillo/azul.

 Nota

El CIELAB, creado por CIE (Commission Internationale de l'Éclairage), es un sistema de color basado en la percepción visual humana.

La diferencia de color es la comparación numérica de una muestra con la muestra de referencia y se la conoce como **delta E o ΔE.** Lo que se hace para obtener la tolerancia es medir la distancia entre puntos de color diferentes en un espacio tridimensional, lo que sería el CIELAB, a través de fórmulas matemáticas.

Actualmente, la fórmula más avanzada es la CIE 2000 (CIE76), que, además de establecer esta distancia, se intentará aproximar a la visión humana y a su percepción.

$$\Delta E^* = \sqrt{((L^{*2} - L^{*2})^2 + (al^* - a^{2*}) + (b^{1*} - b^{2*})^2)}$$

En esta fórmula:

- L^*_1, a^*_1, b^*_1: son los valores de luminosidad, tono y saturación de la muestra de color.
- L^*_2, a^*_2, b^*_2: son los valores de luminosidad, tono y saturación de la muestra de referencia.

El valor obtenido de esta fórmula representaría la diferencia de color entra las dos muestras. Cuanto mayor sea el valor, mayor será la diferencia entre las muestras.

Los valores óptimos se encuentran definidos en la norma ISO 12647-2, que determinaría la siguiente escala:

Valores	Calidad
Entre 0 y 1	Excelente
Entre 1 y 2	Buena
Entre 2 y 4	Normal

Continúa en página siguiente >>

<< Viene de página anterior

Valores	Calidad
Entre 4 y 5	Suficiente
Más de 5	Mala

Nota

Para garantizar la tolerancia se deben realizar pruebas de color y ajustes antes de la producción, además de seguir un control de calidad exhaustivo.

Aplicación práctica

Imagine que tiene dos muestras impresas y se han medido sus valores de color Lab* con un espectrofotómetro:

Muestra 1	Muestra 2
$L^* = 70,5$	$L^* = 68,9$
$a^* = -8,2$	$a^* = -7,5$
$b^* = 42,3$	$b^* = 40,8$

Ahora, aplique la fórmula CIE 2000 (CIE76) para calcular la diferencia de color entre estas dos muestras. Explique qué indica el valor obtenido, ¿cuál sería su calidad?

Continúa en página siguiente >>

<< Viene de página anterior

SOLUCIÓN

$$\Delta E^* = \sqrt{((L^{*2} - L^{*2})^2 + (al^* - a^{2*})^2 + (b^{1*} - b^{2*})^2)}$$

$$\Delta E^* = \sqrt{((70,5 - 68,9)^2 + (-8,2 - 7,5)^2 + (42,3 - 40,8)^2)}$$

$$\Delta E^* = \sqrt{(1,62 + (-0,7)^2 + 1,52)}$$

$$\Delta E^* = \sqrt{(2,56 + 0,49 + 2,25)}$$

$$\Delta E^* = \sqrt{5,30}$$

Entonces, la diferencia de color total (ΔE) entre las dos muestras impresas es de 2,30. Este valor indica la magnitud de la diferencia de color entre las muestras: los valores más bajos indican una menor diferencia de color y los más altos, una mayor diferencia. Por lo tanto, su calidad sería normal, acercándose a buena.

Capacidad de emulsificación con el agua

Se trata de la capacidad de la tinta para dispersarse y mezclarse uniformemente con el agua, importante sobre todo en aquellas tintas de base acuosa, ya que permitirá la estabilidad de los pigmentos en el sustrato. El agua y la tinta deben estar en un estado equilibrado para crear buenas condiciones de impresión e imágenes claras.

Hay diversos factores que pueden influir en esta capacidad:

- Los componentes de la tinta pueden alterar la capacidad de emulsificación. Los aditivos, por ejemplo, pueden mejorar la estabilidad de la emulsión.
- Algunos sustratos pueden absorber la tinta y reducir su capacidad de emulsificación, pero otros pueden dar lugar a una emulsión estable.
- Los diferentes modos de impresión. En la impresión *offset,* donde la tinta se aplica sobre una plancha metálica y luego se transfiere

al sustrato mediante un cilindro de caucho, es importante que haya una buena emulsión para garantizar una transferencia uniforme.

■ Factores como la temperatura y la humedad de la imprenta y de la máquina de impresión y sus componentes. Siempre es necesaria una revisión continua de estos elementos.

Normativa de regulación de las tintas

Las normas ISO UNE regulan los tipos de tintas y la función de cada una de ellas basándose en su composición y usos. Las más importantes son:

DIN	Usos
UNE 54112	Impresiones y tintas de imprimir. Evaluación de la resistencia a productos varios
UNE 12040	Evaluación de la resistencia a la luz filtrada de una lámpara de xenón
UNE 2834 (1, 2 y 3)	Preparación de impresos de prueba en laboratorio
UNE 12634	Especificación del tiro en las tintas en pasta utilizando un medidor de tiro rotativo
UNE 54112	Evaluación de la resistencia a productos varios
UNE 54108	Especificación de las propiedades físicas de las tintas en pasta y barnices mediante el viscosímetro de varilla (barra y anillo)
UNE 2846 (1 y 2)	Color y transparencia de las tintas de gama para cuatricromía
UNE-EN ISO 1524	Especificación de la finura de dispersión

Además, el **CEPE** (Consejo Europeo de Pinturas, Tintas de Imprimir e Industria de Colores Artísticos) regula la fabricación de las tintas, admitiendo o excluyendo determinadas sustancias.

Nota

Según el CEPE, no se deben usar sustancias clasificadas como carcinogénicas, mutagénicas o tóxicas para la reproducción, ni sustancias clasificadas como tóxicas o muy tóxicas según la Directiva 67/548/CEE. Además, tampoco se pueden usar colorantes que contengan alguno de los siguientes compuestos: antimonio, arsénico, cadmio, cromo (VI), plomo, mercurio y selenio.

Actividades

16. Investigue por qué los compuestos antimonio, arsénico, cadmio, cromo, plomo, mercurio y selenio no se deben usar en las tintas.

3.3. Resistencias mecánicas y distintos agentes (luz, agua, grasas, ácidos, álcalis y jabones)

La **resistencia** es la propiedad de la tinta de mantener sus propiedades físicas y visuales ante diferentes condiciones; sería la capacidad de no desprenderse en condiciones de uso normal o condiciones extremas frente a productos químicos, cambios atmosféricos, roce, etc. La resistencia va unida a otra propiedad, la elasticidad, que es la capacidad de las tintas de no perder su adherencia frente a la deformación del soporte.

Resistencias mecánicas

La **resistencia mecánica** en las tintas es la capacidad de la tinta de resistir fuerzas mecánicas o físicas como la abrasión, el rayado, etc., la capacidad de resistir diferentes tipos de manipulación.

Resistencia al rayado

Se trata de la capacidad de la tinta para resistir al rayado superficial frente a la exposición de objetos afilados. Es importante con superficies duras o ásperas como etiquetas o embalaje.

Se puede evaluar mediante pruebas específicas que rayen la superficie del sustrato con el uso de un lápiz de dureza, cuchillas o papel de lija.

Resistencia a la fricción

Es la capacidad de la tinta para resistir el desgaste causado por la fricción repetida contra otras superficies, sobre todo en aquellos soportes que van a ser tocados o frotados con regularidad.

Además de otras técnicas parecidas a las realizadas para el rayado, se suele usar la prueba del péndulo de fricción, que consiste en usar un péndulo constante sobre la superficie del sustrato.

Resistencia a la flexión

Se trata de la capacidad de la tinta para mantener su integridad y adherencia al sustrato cuando se dobla o flexiona. Es útil en materiales flexibles como tejidos o etiquetas autoadhesivas.

Para comprobar la actuación de la tinta mediante su flexión o doblamiento, se puede realizar a través de una máquina de flexión, que aplica una fuerza controlada; o manualmente, doblando la muestra en varios puntos.

Resistencia a la abrasión

Es su capacidad para resistir la abrasión por contacto, fricción, rozamiento o frotamiento. Las tintas con alta resistencia a la abrasión suelen contener elementos especiales como aceites o resinas. Es importante en etiquetas.

Es una propiedad que depende tanto de la tinta como del soporte y se mide con **abrasímetros,** que someten a la superficie a una abrasión controlada durante un tiempo.

 Nota

Para comprobar este tipo de resistencia se suele usar un equipo llamado *Taber Abraser,* que aplica una abrasión controlada sobre la superficie del sustrato mediante discos abrasivos rotativos.

Pruebas de resistencia

Para controlar la resistencia mecánica de las tintas se deben hacer pruebas generales de laboratorio y en condiciones simuladas que miden si la tinta se desprende, se deteriora o se deforma:

- **Ensayo de resistencia a la cinta adhesiva:** se aplica una cinta adhesiva sobre la superficie y luego se retira de manera brusca.
- **Ensayo de resistencia a la uña:** se aplica presión con la uña o un objeto similar sobre la superficie.
- **Ensayo de resistencia al plegado:** el sustrato se pliega varias veces para simular el uso y el almacenamiento.
- **Ensayo de resistencia al arrugado:** el sustrato se arruga o se aplasta.
- **Ensayo de resistencia al abarquillamiento:** mide la capacidad para resistir el abarquillamiento o la deformación del sustrato debido a la absorción de humedad.

Resistencias a distintos agentes

Son las resistencias que muestran las tintas para mantener su calidad y apariencia frente a agentes externos como factores ambientales y agentes químicos.

Resistencia a la luz

Es la capacidad de la tinta para resistir la decoloración o el deterioro causado por la exposición a la luz ultravioleta o a la luz solar. Se considera que una tinta es resistente a la luz cuando no hay una variación de color apreciable en la prueba. Es importante en sustratos que se van a usar en el exterior como vallas publicitarias o papeles decorativos.

En la impresión *offset,* las pruebas de resistencia a la luz se realizan de acuerdo con el estándar DIN/ISO 12040. Para realizar la prueba se usa **la escala de lana** y un estándar de grises, en la que las muestras de sustrato. Las muestras de lana se irradian con una lámpara de xenón y luego se comprueban para ver si ha habido un cambio de color.

 Nota

La **escala de lana** *(blue wool scale)* consta de ocho tiras de textura de lana, teñidas con diferentes tonos de azul de diferentes resistencias a la luz. Actualmente también se usa una escala en papel.

Tras la exposición, se compara el grado de decoloración de la muestra con las tiras de color y se asigna un número de acuerdo con la escala de lana, que va del 1 al 8, donde 1 sería una decoloración nula o mínima y 8 sería una decoloración máxima, y por tanto, no aceptable.

Resistencia al agua y la humedad

Es la capacidad de la tinta para resistir a la decoloración o al borrado cuando se expone al agua o a condiciones ambientales de humedad.

Para comprobar su resistencia normalmente o bien se sumerge una muestra en agua durante un periodo de tiempo o bien se aplica agua sobre la superficie. Se observará si la tinta se corre, se desprende o se desvanece. También se puede aplicar un paño húmedo sobre la superficie.

Para comprobar la humedad normalmente se colocan las muestras en una cámara con humedad controlada durante un tiempo determinado y se comprueba qué efectos ha causado esa exposición.

Para mejorar la resistencia al agua se suelen usar aditivos que aumenten tanto la hidrofugación (resistencia a la filtración de agua), como a la hidrorrepelencia (formación de gotas que resbalan y caen por la superficie).

Resistencia al calor

Se refiere a la capacidad de la tinta para no cambiar su color cuando se expone a una determinada temperatura durante un determinado tiempo. Se realizan pruebas a dos tipos de calor:

- **Resistencia al calor seco:** las muestras se exponen a altas temperaturas en un horno o cámara climática.
- **Resistencia al calor húmedo:** las muestras se exponen a altas temperaturas y alta humedad.

Resistencia a grasas y aceites

Es la capacidad de la tinta para resistir la decoloración cuando se expone a grasas, aceites o productos químicos similares. Es especialmente útil en embalaje para productos alimenticios.

Para comprobar este tipo de resistencia normalmente se aplica una cantidad controlada de grasa o aceite sobre la superficie del sustrato y se observa si la tinta se corre o se desprende con el contacto.

Resistencia a ácidos y álcalis

Se trata de la resistencia de las tintas al borrado o decoloración cuando se exponen a ácidos y álcalis. Es especialmente necesario en sustratos que van a exponerse a productos químicos agresivos.

 Definición

Álcalis
Son los compuestos que en disolución acuosa se comportan como una base fuerte. Algunos ejemplos son el hidróxido de sodio (sosa cáustica), el hidróxido de potasio y el amoniaco.

Para comprobar la resistencia se aplica una solución ácida o alcalina sobre la superficie del sustrato y se observa si la tinta se corre o desprende, o si se produce cualquier cambio en su apariencia.

Resistencia a jabones y detergentes

Es la capacidad de la tinta para resistir el borrado o decoloración en la exposición de jabones, detergentes u otros productos de limpieza. Esto es especialmente importante en el etiquetado de envases de productos de limpieza.

 Actividades

17. Diseñe un método para medir la resistencia de las tintas en un papel estucado impreso en *offset* a partir de unas muestras. ¿Qué resultado cree que se obtendría?

3.4. Instrumentos de medición, inspección y ensayo: balanza, IGT, densitómetro, colorímetro, copa COBB

En la gestión de las tintas de impresión, los instrumentos de medición, inspección y ensayo son las **herramientas** utilizadas para evaluar la calidad, consistencia y rendimientos de las tintas, ya que permiten el análisis y medición específicas de las propiedades de las tintas, evaluando y controlando la calidad del producto final de impresión.

Balanza

Se utiliza para medir con precisión la masa de los componentes de la tinta (pigmentos, aglutinantes y aditivos) para garantizar la consistencia de su formulación. Algunas de las balanzas más usadas son:

- **Balanza de precisión:** miden cantidades muy pequeñas de tinta en gramos o mililitros, especialmente en tintas de colores intensos o de alta densidad.
- **Balanza de tambor:** pesan bidones o tambores de tinta, por lo que pueden soportar grandes cargas.
- **Balanzas de carga suspendida:** son balanzas que se encuentran colgadas del techo, lo que permite colgar y medir cualquier tipo de recipiente con tinta.
- **Balanzas de tinta en línea:** son sistemas de medición que contienen algunas impresoras que controlan automáticamente la cantidad utilizada durante la impresión.

 Nota

Los sistemas y máquinas de **Pantone** son los más utilizados en la industria gráfica. Están especialmente diseñados para medir y reproducir los colores Pantone.

Comprobador de tintas IGT

El *IGT printabilility tester* o comprobador de impresión IGT es un dispositivo que se utiliza para evaluar diferentes propiedades de las materias primas involucradas en la impresión, entre ellas varias propiedades de la tinta como la absorción en el sustrato, la uniformidad del color o la densidad.

 **Recuerde**

El Instituto de Tecnología Gráfica o IGT es una organización internacional dedicada al desarrollo y estandarización de tecnologías de la impresión.

El IGT funciona de la siguiente forma:

1. Se preparan las muestras de los sustratos que se van a usar y de las tintas. Se aplica la tinta al sustrato.
2. Se configura el equipo según los parámetros que se quieren evaluar como la cantidad de tinta, la velocidad de la impresión, etc.
3. Se coloca la muestra en el dispositivo y se realiza la prueba.
4. Se realiza la medición de la densidad de la tinta, la adherencia de la tinta al sustrato, etc.
5. Por último, se analizan los resultados y se identifican posibles problemas.

Densitómetro

El densitómetro, además de medir la densidad de otras materias primas como los sustratos, también se utiliza para medir la densidad de la tinta en el sustrato, que proporciona información sobre la cantidad de tinta y la intensidad de color.

Hay dos tipos de densitómetros:

- **Densitómetro de reflexión:** se usa para medir la densidad de la tinta en la superficie del sustrato. Funciona emitiendo luz sobre la superficie y midiendo la cantidad de luz reflejada, por lo que permite comprobar la opacidad y uniformidad del color.
- **Densitómetro de transmisión:** se usa para medir la densidad de la tinta a través del sustrato. Funciona emitiendo una luz a través de la muestra y midiendo la cantidad de luz que pasa a través de la tinta y el sustrato.

Colorímetro

El colorímetro se utiliza para medir el color de la tinta de manera cuantitativa. Proporciona datos sobre diversos parámetros como la intensidad del color.

Un colorímetro es un dispositivo con tres canales que ve el color exactamente como el ojo humano, cuantificando los componentes triestímulos de rojo, verde y azul de cada medición para determinar la ubicación de un color en el espacio de color.

Analiza la luz recogida por su detector y la compara con la luz incidente para calcular valores de color, para lo que utiliza las métricas L*a*b*, que permiten calcular las diferencias entre colores.

El colorímetro no mide la salida de la luz en longitudes de onda, al contrario que los espectrofotómetros, sino que da al rojo, azul y verde valores similares a como el ojo percibe el color.

Recuerde

El espacio de color que se utiliza es el CIELAB, que también se conoce como espacio de color Lab (L es luminosidad, a es rojo/verde y b es amarillo / azul).

Uso de un colorímetro

Espectrofotómetro

Este dispositivo mide el color de la misma forma que el colorímetro, pero en este caso el resultado de la prueba es la reflectancia de la muestra, que es la cantidad de luz reflejada en cada longitud de onda, normalmente de 400 a 7000 nm. Los datos se convierten en un conjunto de valores L*a*b* específicos de la luz.

A menudo se prefiere el uso del espectrofotómetro, pero ambos conviven dentro de la industria de la impresión.

Copa Cobb

La copa Cobb se utiliza para medir la absorción de agua de un sustrato por la tinta, por lo que ayuda a valorar la capacidad de adhesión de la tinta al sustrato y su resistencia a la humedad.

Sabía que...

Este instrumento recibe su nombre de William Cobb, quien la desarrolló en 1920.

El dispositivo consiste en una cubeta de plástico o metal con un área de medición en la parte inferior, donde se coloca la muestra del sustrato, sobre la que se vierte una cantidad de agua. Tras un lapso de tiempo, se retira el exceso de agua y se pesa la muestra.

La cantidad de agua absorbida sería la diferencia entre el peso inicial de la muestra y el peso después de la absorción. Daría como resultado lo que se conoce como valor COBB, un valor que se expresa en g/m^2 o en ml/m^2. Se puede determinar entonces que, en este caso, el valor Cobb sería la capacidad de la tinta para absorber agua.

4. Resumen

Los parámetros de calidad en las materias primas para la impresión son algo crucial para determinar la calidad del producto final, teniendo en cuenta tanto los diferentes soportes papeleros disponibles en el mercado para la impresión y las tintas.

Respecto a los soportes de impresión, hay disponibles diferentes tipos en papel, en varios formatos y con una serie de características fisicoquímicas como la dureza, la rugosidad, el gramaje, la humedad, la blancura y los componentes cromáticos que le aportan las características que los diferencian. Estas características se deberán evaluar a través de instrumentos de medición, inspección y ensayo que se van a usar para determinar la calidad de estas materias primas.

En cuanto a las tintas, también es importante conocer los diferentes tipos y su clasificación según el modo de impresión y sus características, así como su composición fisicoquímica, incluyendo la calorimetría, la viscosidad, la densidad, la rigidez y la transparencia. Destaca la importancia de la resistencia mecánica de las tintas frente a distintos agentes como luz, agua, grasas, ácidos, álcalis y jabones. Además, al igual que ocurre con el papel, se deberá determinar la calidad de estas a través de diferentes instrumentos de medición, inspección y ensayo, como densitómetros, colorímetros y copas COBB.

Ejercicios de repaso y autoevaluación

1. ¿Qué son los soportes compuestos?

2. Realice un resumen de la historia de la impresión.

3. En la fabricación del papel, ¿por qué es importante el proceso de secado del papel? ¿Qué papel juegan los rodillos en el proceso de fabricación del papel?

4. ¿Cuál de los siguientes papeles se utiliza principalmente en la impresión de documentos comerciales, facturas o cartas?

   a. Papel estucado
   b. Papel *bond*
   c. Papel reciclado
   d. Papel *offset*

5. ¿Qué es la sublimación?

_____

_____

6. Relacione los formatos de papel pertenecientes a la serie A con sus usos:

    a. Impresión de documentos estándar como cartas, cuadernos, libros o revistas.
    b. Impresión de tiques, vales o sellos.
    c. Impresión de calendarios de bolsillo, folletos o tarjetas de felicitación.
    d. Impresión de materiales publicitarios como carteles, pósteres y cartografías.
    e. Impresión de pósteres, fotografías, revistas, partituras, diplomas o folletos.

    __ A1
    __ A3
    __ A4
    __ A7
    __ A10

7. Determine si la siguientes oraciones son verdaderas o falsas:

    a. La dureza del papel se refiere a su resistencia a ser perforado, rasgado o desgarrado por presión exterior.

        ☐ Verdadero
        ☐ Falso

    b. La rugosidad del papel afecta únicamente a la calidad de la impresión y no a la textura del papel.

        ☐ Verdadero
        ☐ Falso

c. El gramaje del papel se refiere al grosor del soporte y su relación con la resistencia y durabilidad.

☐ Verdadero
☐ Falso

d. El método más común para medir la humedad del papel es el del termómetro.

☐ Verdadero
☐ Falso

e. Los pigmentos son sustancias que proporcionan color a los soportes de papel. Pueden ser de origen natural o sintético.

☐ Verdadero
☐ Falso

f. En la impresión digital, la coloración se realiza mediante cilindros que transfieren la tinta desde una plancha de metal al sustrato.

☐ Verdadero
☐ Falso

8. ¿Qué instrumento de medición debería usar si quiero identificar problemas como la formación de grumos?

_____

_____

9. Relacione cada evento histórico relacionado con la evolución de las tintas en impresión con la fecha aproximada en la que ocurrió.

a. Siglo XV
b. Siglo XIX-XX
c. Siglo XI-XIII
d. Siglo XX
e. 400 a. C.
f. Siglo XV

___ Uso de tintas compuestas de materiales naturales en Egipto, Babilonia y China.

___ Popularización de tintas con pigmentos vegetales en Europa durante la Edad Media.

___ Desarrollo de nuevas fórmulas químicas de tintas.

___ Llegada de la tecnología digital y desarrollo de tintas específicas para impresión digital.

___ Invención de la imprenta por J. Gutenberg.

10. ¿Cuál de las siguientes afirmaciones describe correctamente las características de las tintas para *offset*?

   a. Son tintas a base de agua, se secan rápidamente y se utilizan principalmente para la impresión de detalles finos.

   b. Son tintas de base oleosa que contienen pigmentos, aceites y solventes, poseen durabilidad y consistencia de color, y se pueden usar en una variedad de sustratos como papel, cartón y metal.

   c. Son tintas que secan inmediatamente cuando se exponen a la luz ultravioleta, pero son menos resistentes a la luz, la abrasión y los productos químicos.

   d. Son tintas que se componen principalmente de pigmentos y solventes, y se utilizan específicamente para la impresión de textos.

11. Clasifique las tintas según si se está hablando del modo de impresión o de su composición: tintas para *offset,* tintas ultravioleta, tintas de sublimación, tintas para flexografía, tintas a base de solventes, tintas a base de agua, tintas para serigrafía, tintas a base de látex, tintas para huecograbado, tintas sólidas.

Por modo de impresión	Por composición

12. ¿Qué elementos condicionan la composición de las tintas?

_____

_____

_____

_____

13. Complete las siguientes oraciones.

a. La _____ es la capacidad de la tinta para mantener su forma y resistir la flexión o deformación al aplicarla al sustrato.

b. La _____ de la tinta, que incluye los tipos y la concentración de los pigmentos y _____. Algunas resinas pueden proporcionar _____ rigidez.

c. La viscosidad de la tinta. Una tinta más _____ será más rígida y al contrario.

14. ¿Qué significan las siglas Lab?

a. Luminosidad, tono y saturación.

b. Luminosidad, transparencia y color.

c. Transparencia, reflectancia y saturación.

d. Color, tono y saturación.

15. ¿Qué instrumento se utiliza para medir con precisión la masa de los componentes de la tinta, como pigmentos y aglutinantes?

_____

_____

Capítulo 2

Parámetros de calidad en la materia prima para acabados

Contenido

1. Introducción

Al hablar de acabados en impresión, se hace referencia a las técnicas y procesos utilizados para mejorar o modificar la apariencia final de un soporte de impresión al que ya se le ha aplicado la tinta, otorgándole valor añadido al producto final en cuestión de calidad.

El objetivo principal del acabado es mejorar la durabilidad del producto y protegerlo de daños y manchas. Además, las técnicas de acabado permiten mejorar la apariencia del producto, jugando con el brillo, las texturas e incluso su forma.

Entre las técnicas de acabados más comunes se encuentran el troquelado, el relieve, los plegados, la serigrafía, el perforado y el barnizado. Es esta técnica a la que se hace referencia en este capítulo, definiendo en qué consiste la materia prima que se usa para lograr este acabado: el barniz.

2. Barnices

El **barnizado** en las artes gráficas es un proceso mediante el que se aplica una capa de barniz sobre la superficie de un soporte de impresión, aportando una gran protección al color, sobre todo a aquellos con matices saturados, oscuros y de gran intensidad. Además de proporcionar protección y aumento de la calidad del producto, pueden ofrecer una mejora estética.

 Definición

Barniz
Es una disolución de una o más sustancias resinosas en un disolvente que se volatiliza o se deseca al aire con facilidad, dando como resultado una capa protectora. Existen barnices de origen natural (en general derivados de las resinas y aceites esenciales de plantas) y sintéticos de formulación moderna.

En impresión, el barnizado tiene multitud de **beneficios** para la impresión:

- Proporciona una capa de protección sobre la superficie impresa contra daños físicos o la humedad.
- Agrega un acabado especial, o bien brillante, realzando los colores y la apariencia en general, o bien mate, eliminando los reflejos de la luz.
- Proporciona un acabado uniforme y suave.
- Mejora de la durabilidad y longevidad de los soportes en los que se aplica.
- Protege la tinta y el papel en los procesos de postimpresión como el plegado o el troquelado.
- Aporta un acabado estético, o lo que se conoce en impresión como ennoblecimiento.

Composición de los barnices

Los barnices para impresión tienen una serie de compuestos que se combinan para proporcionar las características de acabado que dependen del tipo elegido y de su aplicación. Aunque varían según los requisitos del proyecto, siempre se suelen encontrar los siguientes componentes comunes a todos los tipos:

- **Resinas:** proporcionan la estructura básica del cubrimiento y determinan su durabilidad, flexibilidad y resistencia. Estas resinas pueden ser acrílicas, epoxi, de poliuretano, etc.
- **Disolventes:** son los líquidos que se usan para disolver las resinas y otros componentes del barniz, de manera que se apliquen de manera uniforme sobre la superficie. Una vez aplicados se evaporan durante el secado, tras lo que se queda una capa sólida sobre la superficie.
- **Aditivos:** son componentes adicionales que se añaden para proporcionar propiedades específicas como la resistencia al rayado, a los rayos UV, para añadir antideslizante, etc.
- **Pigmentos:** la mayoría de los barnices que se aplican son transparentes, pero en algunos casos tienen pigmentos que proporcionan color al cubrimiento.
- **Agentes espesantes:** se utilizan para controlar la viscosidad y consistencia del barniz.
- **Agentes de nivelación:** ayudan a eliminar las marcas de aplicación de los rodillos o pinceles.

 **Nota**

La norma ISO que regula los barnices es la ISO 2836:2021, aunque es una norma que engloba todos los métodos que aportan resistencia a las tintas de impresión, incluyendo los barnices.

Los barnices convencionales contienen a menudo en su composición compuestos orgánicos volátiles, que pueden ser nocivos para el medio ambiente y la salud. Por ello, hay empresas que apuestan por barnices ecológicos realizados con materias de origen vegetal. Se suelen usar sobre todo para soportes no papeleros en madera.

Técnicas de aplicación de barnices

El barnizado se puede aplicar de diferentes formas en impresión, dependiendo de los requisitos del proyecto y el equipo disponible. Se puede diferenciar entre aplicación en línea, durante la impresión, y fuera de línea, una vez terminada la impresión.

Aplicación en línea

En muchos sistemas de impresión, como la impresión *offset,* se realiza el barnizado directamente durante del proceso de impresión mediante unidades de barnizado en las que se aplica el barniz a medida que la hoja pasa a través de la impresora. En la impresión digital este proceso se realiza a través de una torre de barnizado, que permite la aplicación sobre áreas específicas del producto.

Aplicación fuera de línea

En otros casos, el barnizado se realiza como un proceso adicional, en máquinas barnizadas que solo se usan con ese fin.

Máquina de barnizado UV

En la aplicación que se realiza fuera de línea, normalmente el barnizado se realiza a través de rodillos. Se coloca el material en la máquina, en la que se pasan las diferentes hojas o materiales por dos rodillos, uno de los cuales está impregnado por el barniz que se va a aplicar. Tras la aplicación las hojas se hornean para secarlas, con lo que se eliminan los disolventes y alcanza la función protectora.

También se puede realizar por bovinas, siguiendo un proceso parecido al anterior, pero de forma continua.

 Nota

Para formatos de gran tamaño de papel y otros soportes como piezas electrónicas, muebles o automóviles, se suele aplicar el barnizado por inmersión, proceso en el que se sumerge el producto en un baño de barniz líquido que ofrece una capa uniforme.

Aplicación manual

En superficies delicadas o acabados personalizados se puede realizar una aplicación manual o bien por pulverización, usando para ello una pistola fija o móvil, mientras el soporte que se va a barnizar gira a gran velocidad, o bien mediante pinceles. Esta última solo se usaría para pequeños proyectos y acabados personalizados, ya que requiere mucho tiempo.

Barnizado manual por pulverización

 Actividades

1. En los soportes que usan papel *offset* no es recomendable aplicar el barnizado. ¿Por qué cree que no?

2.1. Tipos de barnices

Hay una gran variedad de barnices utilizados para mejorar la calidad de impresión. Los más usuales se pueden identificar realizando tres clasificaciones: según el acabado, según la composición y según la finalidad.

Clasificación según el acabado

En esta clasificación se pueden ver los tipos de barnices según la apariencia que le otorga al soporte sobre el que se aplica.

Barniz neutro

Es un tipo de barniz transparente que no altera de manera significativa ni el color ni la apariencia de la superficie. Se usa en una gran variedad de aplicaciones en las que se quiere proporcionar una capa protectora: pinturas, obras de arte, superficies de madera, etc. Se usa sobre todo en superficies que requieren un secado rápido.

Barniz brillante

Es un tipo de barniz que proporciona un acabado lustroso a la superficie sobre la que se aplica. Resalta tanto su color como su textura. Se usa sobre todo en superficies de madera, obras de arte y manualidades, ya que aumenta la nitidez y la saturación de los elementos gráficos que contienen.

En general, mejora la durabilidad y resalta su aspecto, aunque también puede resaltar sus imperfecciones.

Barniz satinado

El barniz satinado proporciona un acabado entre el brillante y el mate, dando una apariencia suave y ligeramente brillante. Es muy versátil y se utiliza en superficies de madera, obras de arte y manualidades.

Barniz mate

Es un tipo de barniz que proporciona un acabado opaco y sin brillo a la superficie sobre la que se aplica, dando una apariencia más suave que el barniz brillante o el satinado. Preserva el aspecto natural del soporte, porque se usa sobre todo donde se quiere mantener la estética de la superficie, como las fotografías. Además, minimiza los reflejos, por lo que aumenta la legibilidad si se usa en un soporte en el que haya texto, y otorga durabilidad, aunque no tanta como el barniz brillante.

Barniz de laminación

El barniz de laminación se aplica sobre superficies papeleras como papel o cartón antes de someterlo al proceso de laminación. Actúa como una capa protectora, sobre todo frente a la suciedad y a la humedad, y mejora la apariencia, realzando los colores. Este barniz puede tener un acabado mate o brillante.

Se usa en muchas aplicaciones como folletos, carteles, etiquetas y empaquetado.

 Nota

La **laminación** es un método en el que una película fina de plástico se adhiere a la superficie impresa para proporcionar una capa de protección adicional.

Barniz perlescente

El barniz perlescente o perlado es un tipo especial de barniz con partículas reflectantes que añaden un efecto nacarado o perlado a la superficie, creando un brillo especial. Se usa para dar un acabado decorativo a manualidades, objetos decorativos, pintura de automóviles, embalaje de productos de belleza o cosméticos.

 Nota

Suele estar formado por mica, que es un mineral compuesto principalmente de potasio, hierro, magnesio, o silicatos de aluminio.

Clasificación según su composición

Los compuestos como los aditivos son las materias que determinan las características y la capacidad de diferentes tipos de barniz. Por tanto, según su composición podemos distinguir varios tipos de barnices.

Barniz a base de agua

Es un tipo de barniz que se diluye en agua en lugar de en solventes orgánicos, por lo que tiene una baja emisión de compuestos orgánicos volátiles, lo que se traduce en un barniz más sostenible con el medio ambiente.

Proporciona una gran resistencia al desgaste y es adecuado para aplicaciones con acabado mate o satinado, por lo que se suele usar en impresión de revistas, libros y otros materiales para uso promocional.

Barniz a base de solventes

Es un barniz que se diluye con solventes orgánicos, lo que le confiere una buena resistencia al agua y al desgaste. Tiende a secar más rápido que el barniz a base de agua, por lo que es una ventaja en materiales donde se necesita una rápida manipulación. Ofrece además una buena resistencia y adherencia y proporciona un acabado claro y brillante que realza los colores.

 Actividades

2. ¿Cuál cree que tendrá un olor más fuerte, el barniz a base de solventes o el barniz a base de agua? Justifique su respuesta.

Barniz oloroso

Se trata de un tipo de barniz que se ha tratado con fragancia o aceites esenciales para producir un aroma agradable una vez aplicado y secado. Se utiliza principalmente en aplicaciones donde se quiere añadir una experiencia sensorial adicional, como en tarjetas de felicitación, catálogos de perfumes o embalajes especiales.

Estas fragancias se añaden al barniz durante su proceso de fabricación. Se utilizan desde flores hasta frutas y aromas específicos según el diseño del producto final.

Barniz metálico

El barniz metálico es un tipo de barniz que contiene partículas de metal finas o pigmentos metálicos suspendidos en una base de barniz transparente o coloreada que, al aplicarlos sobre una superficie, confiere un acabado brillante que simula la apariencia del metal como oro, plata, bronce, cobre, etc.

Se usa principalmente en materiales promocionales, manualidades o etiquetas.

Barniz acrílico

Es un barniz compuesto por resinas acrílicas que tiene una gran durabilidad y resistencia a arañazos, manchas y daños causados por el agua y productos químicos. Proporciona un acabado brillante y transparente y se usa en multitud de aplicaciones como carteles o folletos.

 Nota

Las resinas acrílicas son polímeros sintéticos que se derivan de los ácidos acrílicos y metacrílicos.

Además de las resinas, pueden incluir aditivos, que proporcionan protección contra los rayos ultravioleta, ayudando a prevenir la decoloración y el deterioro causados por la exposición al sol, por lo que se usa en superficies que van a estar expuestas al sol.

Clasificación según su uso

En la elección de un barniz u otro se deberá tener en cuenta el uso que va a tener el producto formado por los materiales que se van a barnizar. Así pues, también se pueden clasificar los tipos de barniz tal y como se describe a continuación.

Barniz UV

Es un tipo de barniz que se seca mediante la exposición a la luz ultravioleta o UV. Este secado o curado es muy rápido y efectivo, ya que el barniz se seca casi instantáneamente. Es muy útil para una amplia variedad de aplicación en folletos, revistas o envasado. Es además muy duradero y resistente a las abrasiones, humedad o decoloración.

Su aplicación se realiza durante el proceso de impresión, utilizando una unidad de barnizado UV integrada en la máquina de impresión.

 Actividades

3. ¿Cuáles cree que son las ventajas del uso de barniz UV frente a otros tipos de barniz? Puede buscar información en internet.

Barniz de máquina

Conocido también como barniz de protección, está diseñado para proteger la impresión de daños de máquinas, abrasión, humedad y otros factores ambientales.

Se conoce por el nombre de barniz de máquina debido a que se aplica durante la misma pasada de la máquina de impresión, lo que permite que se aplique eficiente y uniformemente sobre toda la superficie.

Confiere un acabado brillante, mate o satinado. Se usa en aplicaciones variadas como folletos, carteles o empaquetado, sobre todo en aquellos materiales en los que se busca la durabilidad frente a condiciones adversas y un uso intensivo.

Barniz digital

El barniz digital es un tipo de barniz que se aplica en la misma máquina de impresión digital. Se usa para aplicar un acabado especial, ya que permite una mayor personalización al poderse aplicar de forma selectiva en áreas específicas de una impresión.

 Nota

Las imágenes a las que se les va a aplicar un barniz digital se crean mediante *Adobe Illustrator,* separando el diseño en CMYK y seleccionando la imagen que barnizar en dos capas independientes, que se deben nombrar como CMYK y barniz.

 Actividades

4. Genere una imagen en *Adobe Illustrator* y las dos capas necesarias para su posible impresión y barnizado digital.

Barniz braille

El barniz braille es un tipo de barniz especial que se utiliza para crear texturas en relieve que son reconocibles al tacto, permitiendo que las personas con discapacidad visual puedan leer y comprender el contenido impreso.

El sistema Braille consiste en un conjunto de puntos en relieve que se forman mediante la aplicación de este barniz sobre la superficie impresa en las ubicaciones adecuadas para representar diferentes caracteres braille.

La aplicación de este barniz se realiza mediante técnicas especializadas de impresión y acabado, ya que requiere de precisión y consistencia de los puntos en relieve.

Barnices especiales

Se han visto y definido los barnices más usados, pero también hay que saber que hay disponibles en el mercado otros barnices que confieren unas características extra, proporcionando un acabado único y llamativo que pueden añadir valor estético, táctil o funcional al producto. Algunos de estos barnices son:

- **Barniz texturizado:** agrega textura a la superficie impresa, proporcionando un acabado rugoso, suave o granulado.
- **Barniz con relieve:** el barniz crea un efecto 3D que resalta las imágenes o el texto, y añade profundidad y dimensión a los diseños impresos.
- **Barniz térmico:** es un barniz que cambia de color o se vuelve transparente al aplicar calor. Permite crear efectos interactivos como revelar mensajes ocultos al tocar o frotar la superficie.
- **Barniz fragante:** este barniz libera un aroma cuando se frota.
- **Barniz fosforescente:** es un barniz que hace que el producto brille en la oscuridad después de la exposición a la luz. Se usa sobre todo en productos que requieren ser visibles en condiciones de baja iluminación.

A modo de resumen, en el siguiente esquema se exponen los diferentes tipos de barnices que se han estudiado:

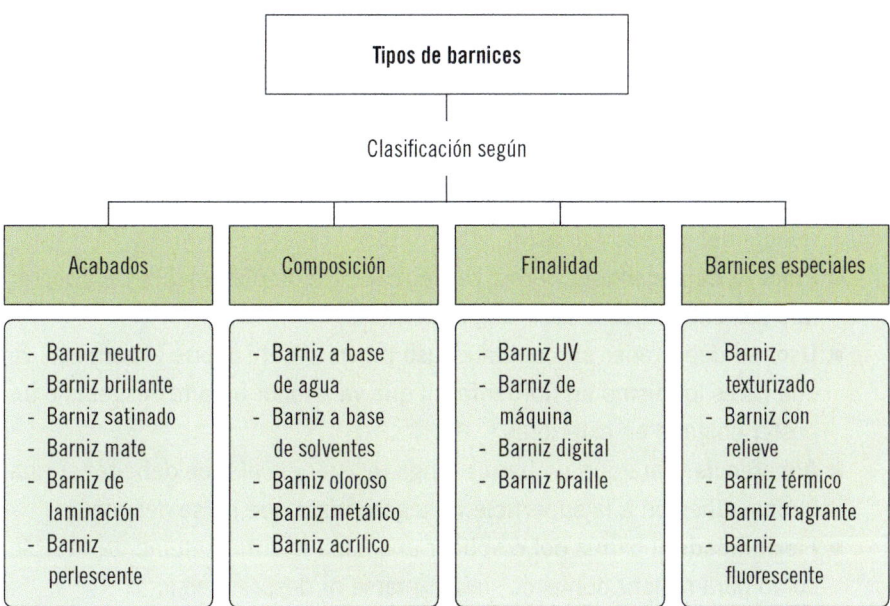

2.2. Características de los barnices: resistencia al roce y al cubrimiento

Los barnices pueden variar en su composición y características dependiendo de su aplicación y el tipo de soporte sobre el que se usan. Sin embargo, poseen dos características esenciales comunes a cualquier tipo de barniz: la resistencia al roce y al cubrimiento, características presentes en los barnices gracias sobre todo a los aditivos que contengan.

Resistencia al roce

Con resistencia al roce se hace referencia a la capacidad de una superficie de, al tener la capa protectora que le confiere el barniz, soportar el desgaste causado por el contacto continuado con otras superficies y objetos durante su uso normal. Para que el barniz pueda conferir esta propiedad al soporte, se deberán tener en cuenta una serie de factores:

- **Tipos de barniz:** hay muchos barnices disponibles y cada uno tiene una resistencia al roce diferente, por lo que se debe tener clara la aplicación del soporte. El barniz UV, por ejemplo, ofrece una gran resistencia al roce.

- **Composición:** los tipos de componentes y la calidad de estos puede influir en la capacidad al desgaste y abrasión.
- **Espesor de la capa:** se le deberá añadir una capa adecuada a la superficie para que la barrera protectora sea más sólida. Se debe tener en cuenta que un grosor excesivo puede afectar negativamente a la apariencia del acabado final.
- **Proceso de secado:** el barniz se debe secar completamente para lograr que sus capacidades sean las requeridas.
- **Uso:** se debe tener en cuenta el uso previsto del soporte a barnizar, ya que no es lo mismo un libro infantil que va a tener un alto desgaste o un póster colgado en exteriores.
- **Adherencia:** para que un barniz tenga resistencia al roce debe tener una buena adhesión a la superficie para garantizar que no se despegue.
- **Flexibilidad:** el barniz debe aplicar una capa lo suficientemente flexible como para resistir dobleces sin agrietarse ni desprenderse.

Para garantizar la resistencia al roce es importante que se realicen pruebas antes de entregar el producto al cliente. Algunas de esas pruebas son:

- **Prueba de abrasión Taber:** se usa una máquina Taber para simular el desgaste por abrasión.
- **Prueba de lápiz:** se raya la superficie del barniz con lápices de diferentes durezas.
- **Prueba de frote húmedo y seco:** se frota la superficie con un trapo húmedo y seco para simular el desgaste normal.

Cubrimiento

El cubrimiento es la capacidad del barniz para cubrir completamente la superficie del producto impreso, lo que proporciona una capa de protección a este.

Las características que debe cumplir un barniz para que tener un cubrimiento de calidad son:

- **Uniformidad:** se debe aplicar de manera uniforme para evitar áreas con exceso o falta de barniz.

- **Opacidad:** debe tener la capacidad de ocultar completamente la super-ficie impresa, evitando las transparencias.
- **Consistencia:** debe ser lo suficientemente consistente para evitar la for-mación de marcas, rayas o burbujas.
- **Adherencia:** el barniz se debe adherir bien al soporte para que no se despegue.
- **Brillo:** el nivel de brillo puede afectar negativamente, ya que, por ejem-plo, los barnices brillantes suelen resaltar más las imperfecciones que un barniz mate.

 Consejo

Para lograr un cubrimiento adecuado es importante elegir el tipo de barniz más conveniente para la aplicación y seguir las instrucciones del fabricante en cuanto a la técnica de apli-cación. Además, hay que tener en cuenta qué ajustes se deben realizar en la configuración de la máquina para lograr la calidad deseada.

Al igual que ocurre con la resistencia al roce, también existen pruebas para asegurar la calidad de un cubrimiento, aunque estas son más simples. La que se usa con mayor asiduidad es la prueba visual de cobertura, en la que se aplica barniz sobre una muestra y se inspecciona que sea correcta tanto la consistencia como la uniformidad del barniz. También se puede realizar una prueba de opacidad, en la que se comprueba la cantidad de luz que pasa a través del barniz.

 Actividades

5. ¿Cuáles cree que pueden ser las condiciones ambientales que afecten a la calidad del barnizado?

Aplicación práctica

Un cliente llega a una empresa de artes gráficas y pide imprimir y barnizar un folleto que va a servir como cuaderno de campo para niños. Para elegir qué tipo de barnizado elegir hay que tener en cuenta su composición, tipos de barnizado, técnicas de aplicación, soporte de impresión, y las características principales que debe tener un barniz para que cumpla con su finalidad.

¿Qué le aconsejaría? Justifique su respuesta.

SOLUCIÓN

Primero se empezará por la elección del soporte de impresión, que será un papel de alta calidad y resistencia, preferiblemente un papel estucado de 90 g/m². Este tipo de papel garantizará que el barniz se aplique de manera uniforme y se adhiera correctamente.

El barniz que se va a utilizar será barniz brillante, porque proporcionará un acabado brillante y vistoso, lo cual resaltará los colores y detalles del diseño del folleto. Será un barniz compuesto a base de agua, ya que así será más respetuoso con el medio ambiente y menos tóxico (lo van a usar niños).

El folleto se imprimirá a través de una impresora *offset*, pero el barnizado se realizará mediante aplicación fuera de línea, en una máquina barnizadora, para poder tener un control total sobre la distribución de este y la cantidad aplicada.

Para garantizar que el barniz tiene la calidad requerida se buscará que en su composición tenga aditivos que mejoran la resistencia al roce, ya que el folleto debe usarse de manera frecuente y al aire libre, y hay que evitar que el barniz se desprenda. Por otra parte, se garantizará el total cubrimiento del barniz, para que su consistencia y adherencia sea la recomendada.

Con estos factores, el cuaderno de campo para niños resultante será un producto de alta calidad, con un diseño atractivo y duradero.

3. Resumen

Los acabados son esenciales para el objetivo último de mejorar la apariencia y la durabilidad de los productos impresos.

Dentro de los acabados, destaca la aplicación del barniz. Esta proporciona una capa protectora sobre la superficie impresa, la cual, gracias a diferentes componentes como resinas, aditivos o pigmentos, posee unas características que aportan beneficios como la protección, y mejora la estética y durabilidad del soporte sobre el que se ha aplicado.

Para la aplicación del barniz hay disponibles diferentes técnicas, para cuya elección se deberán tener en cuenta sus dos características esenciales: la resistencia al roce y el cubrimiento. En estas características influyen diversos factores como la composición del barniz, el espesor de la capa, el secado o la adherencia.

Ejercicios de repaso y autoevaluación

1. Indique si la siguiente oración es verdadera o falsa: "El barnizado en las artes gráficas no ofrece ningún beneficio adicional más allá de la protección contra daños físicos". Justifique su respuesta.

       ☐ Verdadero
       ☐ Falso

2. ¿Cuál de los siguientes NO es un beneficio del barnizado en la impresión?

    a. Protege contra daños físicos y humedad.
    b. Mejora de la durabilidad y longevidad de los soportes.
    c. Reduce de la calidad del producto impreso.
    d. Aporta un acabado estético.

3. ¿Qué tipo de resina se usa comúnmente en la composición de barnices para impresión?

4. Explique brevemente por qué se prefieren los barnices ecológicos en algunos proyectos de impresión.

5. Indique si la siguiente oración es verdadera o falsa: "Los barnices convencionales nunca contienen compuestos orgánicos volátiles, debido a su impacto en el medio ambiente y la salud humana". Justifique su respuesta.

    ☐ Verdadero
    ☐ Falso

_____
_____

6. Complete las siguientes oraciones:

a. El barniz que proporciona un acabado opaco y sin brillo a la superficie sobre la que se aplica se llama _____.

b. El barniz que se aplica sobre superficies de madera, obras de arte y manualidades, y proporciona un acabado entre el brillante y el mate se llama _____.

7. Relacione los tipos de barniz con su descripción correspondiente:

a. Barniz neutro
b. Barniz brillante
c. Barniz mate

__ Proporciona un acabado opaco y sin brillo
__ Proporciona un acabado lustroso a la superficie.
__ Proporciona una capa protectora sin alterar significativamente el color o la apariencia.

8. Defina el término barniz UV.

_____
_____
_____
_____

9. Seleccione cómo afecta la composición del barniz en la resistencia al roce.

    a. Determina la durabilidad y resistencia a la abrasión.
    b. Varía la resistencia al roce según el tipo de barniz utilizado.
    c. Afecta a la apariencia del acabado final.
    d. Garantiza que las propiedades del barniz sean las requeridas.

10. ¿Qué característica del cubrimiento garantiza que no se creen marcas, rayas o burbujas?

11. Defina el término *prueba de abrasión Taber* en el contexto de las pruebas de resistencia al roce de los barnices.

12. ¿Cuál cree que es más importante para la calidad del barniz, resistencia al roce o cubrimiento? Justifique su respuesta.

13. Describa un proceso de prueba que podrías realizar para evaluar la resistencia al roce de un barniz.

14. **Determine si las siguientes oraciones son verdaderas o falsas:**

    a. El barniz brillante resalta más las imperfecciones que el barniz mate.

        ☐ Verdadero
        ☐ Falso

    b. La prueba de lápiz se utiliza para evaluar la resistencia al roce de los barnices.

        ☐ Verdadero
        ☐ Falso

    c. La laminación consiste en la aplicación de una capa de pintura sobre la superficie de un soporte impreso.

        ☐ Verdadero
        ☐ Falso

15. **¿Qué tipo de barniz recomendaría para un folleto expuesto a condiciones climáticas adversas y por qué?**

    _____
    _____
    _____
    _____

Capítulo 3
Parámetros de calidad en la materia prima para encuadernación

Contenido

1. Introducción

El proceso de impresión de soportes papeleros comprende una serie de etapas complejas en las que la calidad de las materias primas desempeña un papel fundamental para asegurar la excelencia del producto final. Dentro de este marco, la encuadernación emerge como un eslabón crucial en la producción de libros; es el proceso mediante el cual las hojas impresas se ensamblan en una publicación lista para su uso.

Este capítulo se dedica a explorar los estándares de calidad que guían el proceso de encuadernación, así como las técnicas más usuales y los materiales empleados en esta fase de la producción. Desde las diversas técnicas de encuadernación hasta la selección entre los distintos materiales requeridos para la misma, se examinan aspectos fundamentales para alcanzar un resultado final satisfactorio.

Este capítulo ofrece una visión integral de los aspectos clave involucrados en el proceso de encuadernación, abarcando desde los criterios de calidad hasta las técnicas y materiales utilizados.

2. Consideraciones en la encuadernación

La encuadernación es una parte esencial en la impresión, ya que no solo proporciona una forma de presentar y organizar las hojas impresas, sino que contribuye a la durabilidad y estética del producto final.

 Sabía que...

La técnica de la encuadernación es tan antigua como la creación de los libros; alrededor del 400 d. C. ya aparecieron las primeras muestras.

Dependiendo de la función, la utilidad y los objetivos de la publicación impresa, se pueden elegir diferentes tipos de encuadernación. Esta elección también estará influenciada por el presupuesto disponible, dada la variedad de materiales involucrados en el proceso, lo que debe considerarse para determinar la calidad del producto final.

Los criterios que de manera amplia se deberán tener en cuenta a la hora de elegir el tipo de encuadernación que mejor se adapte al proyecto son:

- El coste, ya que algunos tipos son más caros que otros.
- La durabilidad y resistencia requerida en el producto final.
- La funcionalidad del producto: apilabilidad de los documentos que se van a encuadernar o tipo de apertura de este.
- Tipología y formato del papel.
- Cantidad de páginas: la elección del tipo de encuadernación debe tener en cuenta el grosor del documento.
- Valorar si un documento es susceptible de ser encuadernado.
- Tiempo de la producción del impreso.
- Apariencia del producto final.

Por otro lado, es relevante comprender las partes más importantes de la estructura externa de un libro, asunto central de este capítulo. Estos conceptos son fundamentales para aplicar las diferentes técnicas de encuadernación:

- **Portada:** es la parte delantera del libro, que normalmente contiene el título del libro, el nombre del autor, la editorial y algún elemento gráfico.
- **Contraportada:** es la parte trasera del libro. Suele incluir información adicional como una sinopsis y críticas.
- **Lomo:** es el borde del libro, que sirve de unión entre la portada y la contraportada. Suele incluir el título y el nombre del autor del libro.
  La portada, la contraportada y el lomo forman las cubiertas del libro.
- **Guardas:** son las hojas adicionales de papel que se encuentran en la parte interior de la portada y la contraportada.
- **Cuerpo del libro:** son las hojas que contienen las diferentes páginas del libro.

- **Canto:** es el lado opuesto al lomo, el borde de las páginas. Puede tener diferentes acabados: puede ser recto, redondeado o tener incluso algún color.
- **Ceja:** es la parte del libro que se encuentra en el borde superior del libro.

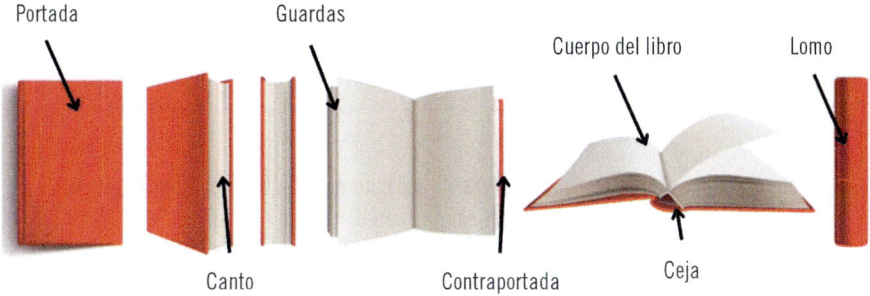

Portada   Guardas   Cuerpo del libro   Lomo

Canto   Contraportada   Ceja

Nota

Los libros también pueden llevar dos partes de refuerzo, como son la cabezada y el fuelle. La cabezada es una pieza de tela o piel que se coloca en la parte superior e inferior del lomo del libro. El fuelle es la unión entre las cubiertas y el libro, que permite que este se abra sin que se dañe.

Actividades

1. El lomo del libro también puede tener varias partes diferenciadas. ¿Cuáles son?

2.1. Técnicas de encuadernación

Existe una gran variedad de técnicas de encuadernación, cada una con sus ventajas y desventajas en términos de coste, durabilidad, apariencia y funcionalidad.

 Nota

Se debe tener en cuenta que las páginas de un libro se pueden encuadernar por hojas sueltas o formando pliegues, que se denominan con el nombre de cuadernillos.

Encuadernación con cola o encolada

Es un método de encuadernación en el que las páginas de un libro se unen mediante un adhesivo o cola aplicado al borde de estas, lo que crea una unión entre las páginas, creando un bloque compacto que sería el libro.

Es la opción que más se utiliza para la impresión de libros de tapa blanda, debido a su gran eficiencia y bajo coste, aunque tiene algunas limitaciones si tiene un gran grosor, sobre todo a la hora de la apertura plana.

 Nota

La apertura plana de un libro es la capacidad de este para permanecer abierto en una página específica sin necesidad de sostenerlo.

Encuadernación engomada

Es un método de encuadernación en el que las páginas se unen con un adhesivo aplicado en el borde del bloque del papel. La principal diferencia con la encuadernación encolada es que en este se usa un adhesivo más ligero y seco, pero menos duradero, por lo que no se suele usar para libros, sino para cuadernos, blocs de notas o similares.

Encuadernación cosida

Es el método más tradicional de encuadernación y posiblemente uno de los más duraderos. En este proceso se cosen las páginas junto a la cubierta; para ello, se crean una serie de agujeros a lo largo del pliegue de las páginas, a través de los cuales se pasa un hilo que une las páginas en un bloque.

También se suelen coser los cuadernillos y luego adherirlos a las cubiertas mediante encolado, por lo que se usaría una combinación de dos tipos de encuadernación.

Puesto que tiene mucha durabilidad, es especialmente útil en libros que se van a manejar con frecuencia.

 Actividades

2. Actualmente se usa una técnica de encuadernación cosida denominada encuadernación Singer. ¿De qué se trata?

Encuadernación fresada o americana

Es un tipo de encuadernación que implica el fresado o recorte del lomo del bloque de papel y la aplicación de adhesivo caliente para unir las páginas al mismo tiempo que se adhieren a la cubierta, que debe ser flexible.

Nota

Se la conoce por encuadernación americana porque se popularizó en editoriales de libros de bolsillo y cómics de Estados Unidos durante el siglo xx gracias a su bajo coste y a su durabilidad.

Encuadernación con grapas o grapada

Se trata de un tipo de encuadernación en la que las páginas del libro se unen mediante grapas metálicas que atraviesan el pliegue de un bloque de papel. Se usa sobre todo en revistas o folletos, en general documentos con un número bajo de páginas y una vida útil corta.

 Nota

Hay un tipo de grapa conocido como grapa omega que sobresale del cuadernillo en forma de herradura, y que permite archivar el documento en una carpeta de anillas sin tener que perforar el papel.

Encuadernación en espiral

Es un método de encuadernación en el que las páginas de un documento se unen usando un espiral metálico o de plástico, al que comúnmente se le llama canutillo, una pieza que se inserta en los agujeros perforados de las páginas y luego se enrosca para cerrarlo. Normalmente a los pliegos se les añade una cubierta de plástico o de cartón por delante y por detrás para una mayor protección.

Es un método muy flexible y permite que el libro se abra completamente y se pueda doblar sobre sí mismo sin dañar las páginas.

El uso de canutillos de plástico es muy útil debido a su variedad de tamaños y colores, por lo que son fáciles de manipular y populares para encuadernar cuadernos, manuales o informes. Además, es una opción muy económica.

Encuadernación en *wire-o*

Es un método similar a la encuadernación en espiral, con la diferencia de que en lugar de usar un espiral continuo, se usan anillos metálicos en forma de doble hélice, conocidos como *wire-o,* que se insertan en los agujeros perforados en el borde de las páginas. Están hechos normalmente de metal, aluminio o acero.

Los anillos son más flexibles que las espirales y se usan también para cuadernos, folletos, manuales, calendarios o catálogos. Tiene la ventaja de que se pueden añadir o eliminar páginas, por lo que es muy útil para documentos que se tengan que modificar con frecuencia.

 Actividades

3. Busque información sobre el tipo de encuadernación en *wire-o* y explique a qué se debe que se denomine de esta forma.

Encuadernación rústica

Es un tipo de encuadernación que se usa para libros de tapa blanda o de bolsillo que se caracteriza por tener una cubierta flexible hecha de papel grueso o cartón de un grosor estrecho, cuyas páginas suelen estar unidas mediante un adhesivo.

Es uno de los métodos más usados por su eficiencia y bajo coste.

Encuadernación en tapa dura o cartoné

Este tipo de encuadernación implica la creación de una cubierta rígida para los libros usando cartón u otro material similar, a la que las hojas se unen mediante cosido o adhesivo, proporcionando una estructura sólida y duradera que protege las páginas del libro. Se prefiere para documentos con una gran extensión de páginas y le da más valor al libro que en encuadernaciones de tapa blanda, pero dificulta su manejo.

Encuadernación japonesa

Se trata de un método tradicional de encuadernación artesanal originado en Japón que se caracteriza por su elegante estética, ya que la costura se realiza a mano. Consiste en unir las páginas del libro mediante la disposición de hilos o cuerdas a lo largo del lomo, que se atan en nudos decorativos en la parte exterior de las cubiertas para un acabado estético, por lo que su uso es muy especializado.

Libro cosido con encuadernación japonesa

Encuadernación con tornillos

Es un método en el que se utilizan tornillos o pernos para unir las páginas de un libro, normalmente dos, que se insertan a través de dos perforaciones que unen el bloque.

Se usa sobre todo en documentos que necesitan modificarse con frecuencia.

Encuadernación en piel

Se trata de una encuadernación con un estilo clásico que utiliza cuero u otros materiales similares para crear la cubierta del libro, que normalmente se une a las páginas de un libro mediante cola. Se usa cuando se requiere un acabado elegante y duradero, por lo que se utiliza sobre todo en ediciones de lujo de libros.

 Sabía que...

Su uso se remonta a Mesopotamia, donde se creaban tabletas de escritura de arcilla que se cubrían con piel para protegerlas. Sin embargo, su uso se extendió en la antigua Roma, sobre se desarrolló el formato de códex, con páginas de pergamino unidas por un lomo, que se encuadernaban en piel para ser más manejables que los rollos de papiro, por lo que también tenían más durabilidad.

Otras encuadernaciones especiales

Hay una serie de encuadernaciones que van más allá de los métodos estándar y que se utilizan para crear acabados únicos:

- **Encuadernación chanel:** el libro se cose simulando las costuras que se encuentran en los bolsos de la marca Chanel. Requiere de una máquina especial que crea un patrón decorativo en el lomo del libro.
- **Encuadernación copta:** es un método antiguo originado en Egipto durante los siglos II al XI d. C. (periodo copto). Es un tipo de encuadernación cosida.

- **Encuadernación holandesa:** es un estilo tradicional de encuadernación que combina la encuadernación cosida con la encuadernación en tapa dura. La cubierta está envuelta en un material flexible que suele ser tela, mientras que el lomo y la cubierta son de un material duro. Se usa para libros de lujo o álbumes de fotos.
- **Encuadernación en madera:** se usa la madera como cubierta del libro, con materiales como madera de arce, nogal o cerezo.
- **Encuadernación en espina:** también conocida como encuadernación en espina de pez, se caracteriza por tener una espina en la cubierta que se asemeja a la columna vertebral de un pez. Se usa en ediciones de lujo.
- **Encuadernación canadiense:** es un tipo de encuadernación en el que el cosido está expuesto en el lomo del libro, lo que añade un acabado decorativo que, unido a unas cubiertas hechas en una gran variedad de materiales y decoradas, de traduce en un producto único.

 Actividades

4. Busque otra técnica de encuadernación que no se haya nombrado y descríbala.

2.2. Encuadernación industrial vs. encuadernación artesanal

Las técnicas de encuadernación descritas se pueden realizar tanto mediante encuadernación industrial como mediante encuadernación artesanal, aunque algunas se realizan solo en uno de los dos modos, dependiendo del acabado que se le quiera dar al proyecto final y de otras cuestiones como el volumen de ejemplares, el tiempo, el coste, etc.

La **encuadernación industrial** se lleva a cabo a través de procesos mecanizados y en serie, en los cuales los libros se encuadernan en grandes cantidades, lo que implica el uso de maquinaria especializada como impresoras, encuadernadoras y otros equipos industriales del campo de las artes gráficas. En ella se prioriza la producción en masa y el coste del producto.

Por otra parte, la **encuadernación artesanal** es un proceso manual en el que cada libro se encuaderna a mano, usando técnicas tradicionales como la encuadernación japonesa y cursando materiales de alta calidad. En ella prima la calidad y el cuidado de los detalles, lo que permite un acabado más personalizado.

Aunque depende de cada técnica de impresión, los pasos que se siguen para realizar la encuadernación artesanal o manual serían los siguientes:

1. **Preparación del material:** se selecciona el papel de los interiores y de la cubierta del libro, se corta en el tamaño deseado y se reservan hojas para las guardas.
   Se doblan las páginas por la mitad para formar los **pliegos** que conforman los **cuadernillos** y se alinean para que tengan el orden correcto, formando un bloque homogéneo.
2. **Prensado:** se apilan los bloques de hojas y se dejan en la máquina de prensado para que el bloque se quede más compacto.
3. **Cosido de los pliegos:** se hacen los agujeros en los pliegues, previo marcado gracias a una plantilla y un punzón, y se encuadernan con un hilo usando la técnica de encuadernación que se prefiera.
4. **Preparación de las cubiertas:** se corta la cubierta de manera que se tenga en cuenta la portada, contraportada y el lomo y se le da el acabado deseado.
5. **Montaje:** se unen los cuadernillos con la cubierta usando un adhesivo u otra técnica. Se añaden las guardas.
6. **Acabado:** se presiona para asegurar la unión, se recorta el material sobrante si fuera necesario y se seca el libro para manipularlo.

 Nota

Para pegar la cubierta a los pliegos se suele usar una tarlatana, que es una tira de papel o tela a la que se le coloca el adhesivo. Se suele colocar entre las cubiertas y el cuerpo del libro, para reforzar las cubiertas y crear la cabezada.

Normalmente los materiales que se usan para llevar a cabo esta encuadernación son el papel, el cartón u otro material para la cubierta, como hilo, agujas de coser, tijeras o cúter, regla, lápiz, adhesivo, punzón o perforadora de papel y opcionalmente una prensa de libros.

Cosido de los cuadernillos mediante un hilo grueso

En los siguientes apartados se van a ver de manera detallada algunas de las materias primas más usadas en las diferentes técnicas de encuadernación que se han abordado.

 Aplicación práctica

Va a realizar un proyecto de encuadernación artesanal. Se trata de encuadernar un libro pequeño de notas usando la encuadernación japonesa.

Indique los materiales que usa para llevarla a cabo y los pasos, teniendo en cuenta el tipo de encuadernación, el tipo de libro, el de papel, su grosor, etc.

Continúa en página siguiente >>

<< Viene de página anterior

SOLUCIÓN

Materiales: hojas de papel para las páginas del libro, cartulina para la cubierta, aguja, hilo encerado, tijeras, regla, lápiz, tijeras, punzón o perforadora de papel y adhesivo.

Pasos:

1. Cortar el papel en hojas del tamaño del libro correcto. Al ser un libro pequeño de notas, se cortan las hojas en un tamaño de 14x10,5 cm. Una vez cortadas, se doblan las hojas por la mitad para formar los pliegos.
2. Para realizar la cubierta, se corta la cartulina en dos piezas del mismo tamaño que las páginas del libro para formar las tapas delanteras y traseras. Se decoran mediante un estampado.
3. Marcar los puntos donde se realizarán los agujeros para coser los pliegos a la cubierta. Para ello, se hace con el lápiz una marca en la parte superior e inferior de las tapas, a una distancia de aproximadamente 2 cm del borde y equidistantes entre sí.
4. Con un punzón o una perforadora de papel se hacen los agujeros en las marcas que has realizado en las tapas. Hay que asegurarse de que estén bien alineados.
5. Colocar un pliego sobre las tapas del libro, alineando los agujeros. Se enhebra la aguja con el hilo encerado y se comienzan a coser los pliegos a la cubierta, utilizando la técnica de encuadernación japonesa. Una vez cosidos, se atan los extremos del hilo y se cortan.
6. Aplicar cola blanca en el borde interior de las tapas y pegar las páginas para asegurarlas mejor.
7. Por último, se le da el acabado final decorando el lomo.

---

3. Colas

El adhesivo o la cola para la encuadernación es un componente muy importante en varios tipos de técnicas como la encuadernación en tapa dura, ya que se usa para unir tanto las páginas del libro entre sí como el bloque de estas páginas al lomo de la cubierta.

Su aplicación se realiza normalmente con equipos especializados, como máquinas de encuadernación, pero también mediante técnicas manuales. En ambos casos se deberá tener en cuenta la normativa del fabricante y las condiciones ambientales para que su adhesión al material sea eficaz y duradera.

3.1. Clases de cola

Existen diferentes tipos de cola disponibles en el mercado. Elegir uno u otro dependerá tanto del método de encuadernación como de otros factores, como el tipo de papel o el acabado requerido.

Cola blanca

La cola blanca, que se conoce también por su composición principal, acetato de polivinilo (PVA), es un tipo de cola muy usada por su secado rápido, transparencia y flexibilidad. Además, se adhiere a casi cualquier tipo de soporte.

 Nota

El acetato de polivinilo es un tipo de polímero sintético que se utiliza en varias aplicaciones como la fabricación de adhesivos.

 Ejemplo

En España la marca más conocida de cola blanca es Bookplast 22, que es muy flexible.

 Actividades

5. ¿Con qué otro nombre se conoce a la cola blanca?

Pegamento natural

El pegamento natural es un tipo de adhesivo que se obtiene de materias primas naturales como plantas, animales o minerales; al contrario que el resto de los adhesivos, que están producidos químicamente.

Algunos de los adhesivos naturales que más se usan para encuadernación son:

- **La goma arábiga:** es una resina natural que se extrae de la savia de la acacia y posteriormente se disuelve en agua para crear el adhesivo, que es suave y pegajoso.
- **El almidón de maíz:** comúnmente conocido como maicena, se mezcla con agua y se calienta hasta formar una pasta.
- **La harina:** es similar al almidón de maíz.
- **La cola de pescado:** es un adhesivo hecho con las vejigas de pescado disueltas en agua caliente, mezcla de la que se forma un líquido adhesivo.
- **La clara de huevo:** se bate y se aplica directamente en el lomo de los cuadernillos.

Aunque tienen muchas ventajas porque no dañan el medio ambiente, hay que tener en cuenta que serán menos duraderos que los adhesivos creados con materias sintéticas.

 Actividades

6. Hay un tipo de cola de origen natural que se llama cola de metilcelulosa. Investigue de qué se trata y para qué se utiliza.

Cola de unión térmica

También conocido como adhesivo termofusible *(hotmelt),* es un adhesivo compuesto por un polímero termoplástico que se aplica mediante unión térmica, es decir, mediante un proceso en el que se usa calor para fundir un adhesivo previamente aplicado en la espina dorsal de las hojas. A través de este proceso se crea una unión muy resistente, debido en parte a que la adherencia se crea muy rápidamente, inmediatamente después de que el adhesivo se haya enfriado y solidificado. Siempre se aplican mediante la máquina encuadernadora.

Se suele usar para producciones que deban ser económicas como la encuadernación en tapa blanda, pero es menos duradero que la encuadernación cosida con hilo.

Ejemplo

Hay un tipo de adhesivo termofusible que destaca en el mercado. Son los adhesivos a base de etileno de vinilo (EVA). Se conoce como EVA *hotmelt* y se utiliza debido a su bajo precio y volúmenes grandes de producción, ya que el tiempo de adherencia es especialmente reducido.

Cola PUR

Cola PUR es la forma común de referirse a la cola de poliuretano reactivo. Es un adhesivo formado por dos compuestos, un prepolímero de poliuretano y un agente de curado, que al mezclarse hacen que se active el adhesivo al aplicar presión mediante una máquina de presión y su posterior secado.

Sabía que...

La cola PUR se inventó durante los años 30 del siglo XX y se utilizó por primera vez como alternativa al caucho durante la Segunda Guerra Mundial.

Al contrario que la mayoría de las técnicas de encuadernación con cola, que usan cuadernillos para aplicar el adhesivo, con la cola PUR se pegan las hojas sueltas directamente al lomo. Tiene además las siguientes características específicas que la hacen ventajosa:

- Forma una unión fuerte y duradera, por lo que se usa también con materiales más difíciles de pegar, como cubiertas de plástico.
- Es muy flexible, lo que permite que los libros se abran en plano.
- Tiene una gran resistencia al agua, a la humedad ambiental y a las temperaturas extremas.
- El tiempo de secado se puede ajustar según las necesidades del proyecto.
- Es un adhesivo muy viscoso, lo que permite que se necesite menos cantidad de cola para su aplicación, lo que reduce los costes.

Se usa sobre todo para libros que se vayan a usar de forma intensiva como manuales, revistas, catálogos o libros como novelas.

 Sabía que...

La encuadernación cosida se prefería a la fresada porque esta usaba un pegamento que no era duradero y las hojas se solían despegar fácilmente. Esto se solucionó con la aparición de la cola PUR.

La cola PUR tiene además la ventaja de que puede ser usada con una gran variedad de formatos, desde 80 hasta 300 g, en cualquier tipo de soporte impreso.

Cola de látex

Es un tipo de adhesivo compuesto principalmente por látex, un polímero derivado de la savia de árboles como el caucho. Tiene las siguientes características:

- Tiene una base acuosa, lo que facilita su limpieza con agua. Es menos tóxica que otras colas con base de solventes.
- Es muy flexible, lo que hace que los materiales sobre los que se usen se puedan expandir o contraer.
- Al secarse su acabado es transparente.
- Es resistente a cierta medida de humedad, pero no al agua si se sumerge durante un periodo largo de tiempo.

Es un adhesivo que se puede usar en materiales como papel y cartón, pero también sobre madera.

Cola de resina

Es un tipo de adhesivo muy resistente y duradero que se suele usar sobre todo para unir la cubierta a las páginas de un libro normalmente en la encuadernación de tapa dura.

Las resinas que se usan habitualmente para fabricar este adhesivo son:

- **Resina de acetato de polivinilo:** es la misma que se utiliza para fabricar la cola blanca.
- **Resina de poliuretano:** es una resina sintética muy fuerte, con una gran resistencia al agua y a los productos químicos.
- **Resina epoxi:** es una resina termoendurecible muy resistente a la humedad.

Se suele usar para encuadernaciones especiales porque proporciona una adhesión duradera y transparente.

 Actividades

7. ¿Es posible reutilizar un libro encuadernado con cola? Justifique su respuesta.

4. Material de cosido

La encuadernación por cosido es una de las más conocidas. Se ha empleado desde el siglo XIX tanto en la producción industrial como en la artesanal.

Ejemplo

La técnica más fácil y habitual de realizar la encuadernación por cosido es el cosido puntillado. Para llevarlo a cabo, primero se unen las páginas del documento con una cola y después se realizan unas perforaciones, que son las que irían cosidas al lomo con un hilo. Se realizaría mediante un cosido de ida y vuelta, es decir, a lo largo del documento por arriba y por abajo.

4.1. Tipos de cosido

Hay dos materiales principales que se usan para la encuadernación cosida, que dan lugar a dos tipos diferentes de encuadernación, la que se hace con alambres y la que se hace con hilos.

Alambres

El método de cosido con alambre implica insertar un hilo de alambre o alambre a través de segmentos cerrados en el lomo del material que se va a encuadernar. Se usa para mantener los pliegos de un libro alineados durante el proceso de encuadernación, así que se usan como refuerzo para este tipo de encuadernación, ya que facilita su manipulación.

Se pueden usar diferentes tipos de alambres, como por ejemplo:

- **Alambre en espiral:** es un alambre metálico flexible que se inserta en los pliegos perforados y se cierra para asegurarlos.
- **Alambre plano:** es un tipo de alambre con forma plana que se usa para dar un acabado más elegante.

- **Alambre doble:** también conocido como alambre de doble anilla, consiste en dos alambres paralelos que se insertan en los pliegos y se cierran en forma de bucle, lo que proporciona una sujeción más fuerte.
- **Alambre de aluminio:** es más ligero que el alambre de metal.
- **Alambre de plástico:** se usa igual que el resto de los alambres, pero tienen la particularidad de que está disponible en multitud de colores.

Para realizar la encuadernación de un documento utilizando este material, se emplea un dispositivo conocido como cosedora de alambre. Esta máquina está compuesta por uno o varios cabezales de cosido, cada uno de los cuales ejecuta un punto de cosido. El cuadernillo se introduce en la máquina de forma manual o automática, y puede ser insertado con el cuadernillo en posición plana o en posición vertical por el lomo (en caballete).

Hilos

Los hilos son otro material que se usa para la encuadernación en la que interviene el cosido. Alguno de los hilos que se usan son los que se describen a continuación.

Hilo encerado

Se trata de un hilo de algodón, nailon o poliéster al que se le ha aplicado una capa de cera, que aumenta su resistencia al desgaste y deshilachado y facilita su paso a través de las hojas del libro en la encuadernación.

Libro cosido de manera artesanal con hilo encerado

Hilo de nailon

Se trata de un hilo hecho de fibras de nailon, un polímero sintético muy resistente a la tensión y al desgaste y muy versátil, que se usa especialmente para aquellos documentos que van a tener un uso frecuente o van a ser expuestos a condiciones adversas.

 Sabía que...

El hilo de nailon se desarrolló por primera vez por la empresa química DuPont en los años 30. Es el primer polímero sintético en ser comercializado.

Hilo de algodón

Es un hilo fabricado con fibras naturales de algodón, un material que lo hace suave y flexible, pero que a la vez es muy resistente.

 Actividades

8. ¿Qué material para hilos es más resistente, el nailon o el algodón?

Hilo de poliéster

Se trata de un hilo fabricado con fibras sintéticas de poliéster, unas fibras que son muy resistentes y duraderas. Es especialmente resistente a la tracción y a condiciones como la humedad, por lo que se suele usar con documentos que pueden verse afectados por condiciones con una humedad cambiante.

Hilo de lino

Es un hilo natural hecho con fibras naturales de lino, que se usa de manera tradicional en la encuadernación por su solidez y flexibilidad.

Hilo de seda

Se trata de un hilo que se usa para coser documentos para ediciones de lujo en las que se requiera un acabado estético especial.

 Nota

Hoy en día también se usa el hilo vegetal, ya que está fabricado por fibras vegetales que no usan ningún procedimiento químico para su elaboración, lo que hace que sea más respetuoso con la salud y con el medioambiente.

Bovinas de hilo

La bobina de hilo es una forma de disponer de cantidades variables de hilo. Suponen una opción muy favorable para suministrar el hilo en proyectos de encuadernación, ya que permite disponer de hilo en una cantidad mayor.

A la hora de elegir una bobina de hilo para encuadernación se deberán tener en cuenta las preferencias del cliente y el tipo de producto final, además de aspectos como los siguientes:

- **Material:** se pueden bobinas de diversos materiales como algodón, poliéster, lino o nailon.
- **Grosor:** hay diferentes grosores de bobinas.
- **Color:** hay una amplia gama de colores, que van desde colores estándar hasta colores personalizados.
- **Cantidad** de hilo que contiene la bobina.

- **Compatibilidad** con las máquinas de encuadernación.
- **Calidad** del hilo.

Las bobinas de hilo se suelen disponer en la cosedora, máquina de la que ya se ha hablado antes, que contiene las siguientes partes:

- **Marcador:** sirve para ubicar el documento que se va a coser en la posición de cosido.
- **Apertura de pliego:** es la parte que realiza la apertura para introducir el hilo por el interior del cuadernillo.
- **Estación de cosido:** sirve para realizar la inserción a través del lomo.
- **Salida:** es la parte que sirve para enviar el material que se ha cosido a la siguiente etapa de la encuadernación.

 Aplicación práctica

En una imprenta especializada en la producción de libros se enfrentan a problemas recurrentes con el tipo de adhesivo para encuadernación. Hasta ahora habían estado utilizando cola blanca, pero empezaron a notar que algunos libros presentaban problemas de desprendimiento de las páginas y falta de durabilidad, especialmente en libros con un uso intensivo como manuales y catálogos, lo que se tradujo en una disminución de la satisfacción del cliente.

¿Qué solución plantearía para solventar el problema? ¿Qué supondrá este cambio a la empresa?

SOLUCIÓN

Pese a la flexibilidad y secado rápido de la cola blanca tradicional, puede presentar problemas de resistencia en libros que van a tener un uso constante, así que lo mejor es usar la cola PUR. Esta cola, hecha de poliuretano reactivo, tiene unas características únicas, como una unión fuerte y duradera, flexibilidad y resistencia al agua, por lo que es la solución para mejorar la calidad y durabilidad de sus libros.

Implementarla implicará grandes cambios, puesto que requerirá invertir en nueva maquinaria y capacitar del personal para adaptarse al nuevo proceso de encuadernación. Sin embargo, los beneficios superarán con creces los desafíos iniciales.

Continúa en página siguiente >>

<< Viene de página anterior

Con la nueva cola PUR, los libros producidos experimentarán una notable mejora en su calidad y durabilidad, lo que se traducirá en una mejor acogida por parte de los clientes. Además, la resistencia al agua de la cola PUR puede abrir nuevas oportunidades de mercado para la empresa, especialmente en sectores donde la durabilidad es primordial.

En resumen, a través de la implementación de la cola PUR, la empresa podrá mejorar significativamente la calidad de sus productos y mantener su competitividad en el mercado de la impresión de libros.

5. Forro de libros

Dentro de la encuadernación, la elección del tipo de cubiertas es un proceso determinante, ya que de ello dependerá la solidez y durabilidad de la encuadernación. El proceso por el cual se añaden las cubiertas se denomina forrado de libros e incluye el proceso de impresión de estas y su ensamblado con el resto de los materiales del libro dentro del proceso mismo de encuadernación.

Las cubiertas que se usan en la encuadernación son muy variadas; su elección dependerá del tipo de encuadernación que se haya llevado a cabo y del acabado que se le quiera dar al producto. Suelen ser de diversos materiales. Los más usados son el cartón, la piel, la tela y el plástico.

5.1. Cartones

Los cartones que se usan en encuadernación son variados, pero suelen compartir una serie de características:

- Suelen ser rígidos, para proporcionar un buen soporte estructural al libro.
- Son resistentes, especialmente cuando la encuadernación usa la tapa dura.
- Deben tener el peso adecuado (un peso ligero puede no dar suficiente soporte y un peso excesivo puede dar lugar a un libro difícil de manejar).

- Deben ser compatibles con el tipo de encuadernación, sobre todo al diferenciar entre tapa dura y tapa blanda.
- Su superficie debe ser la adecuada para aplicar el método de unión requerido, sobre todo en el caso del uso de adhesivo.
- Se deben adaptar en términos de tamaño y espesor.

Una de las características que debe tener el cartón es que esté disponible en diferentes tamaños, entre los que destacan:

Tamaño carta (215,9 x 279 mm)	Documentos, álbumes de fotos
Tamaño A4 (210 x 297 mm)	Tamaño estándar de documentos y libros
Tamaño legal (215,9 x 355,6 mm)	Documentos legales

De todas formas, aunque estos son los estándares, los cartones se pueden encontrar en una variedad de tamaños muy personalizable.

Por otra parte, los cartones más usados en encuadernación son:

- **Cartón contracolado.** Conocido como cartón gris, es un material compuesto de varias capas de papel prensado que se laminan juntas para formar una sola hoja de cartón. Es rígido y duradero, pero menos que el cartón de pasta dura, por lo que se suele usar en encuadernación de tapa blanda.
- **Cartón compacto.** Se conoce como cartón sólido o cartón duro. Está formado por una sola capa de cartón prensado y normalmente está cubierto por un estucado en una o ambas caras que refuerza su resistencia. Se suele usar para la encuadernación de tapa blanda.
- **Cartón de pasta dura.** Es un tipo de cartón más grueso y resistente que el cartón contracolado y que el compacto. Está hecho de una pasta de papel prensada, lo que le otorga robustez y le hace ideal para la encuadernación con tapa dura.
- **Cartón pluma.** Este tipo de cartón, denominado *foam board* en inglés, consiste en un material cuyo núcleo es de espuma de poliestireno expandido (EPS) recubierto en ambas caras con papel o cartulina. Es ligero pero rígido y se suele usar en tapa dura.

- **Cartón almohadillo.** Conocido también como cartón de burbujas o cartón acolchado. Se trata de un cartón que contiene una capa de burbujas de aire o espuma adherida a una lámina de cartón. Se suele usar como refuerzo de la cubierta del libro.
- **Cartón de *chipboard*.** Es un cartón fabricado con fibras de madera prensada, lo que lo hace un material muy denso y resistente. Es especialmente usado en encuadernación de tapa dura.

 Definición

Estucado
Es un proceso que consiste en la aplicación de capa de un material llamado estuco sobre un papel o cartón para mejorar la apariencia y durabilidad de ese material.

5.2. Piel

El uso de piel o cuero para encuadernación es el método más antiguo de los que se están estudiando, pero se sigue usando hoy en día para la encuadernación de libros de alta calidad.

 Sabía que...

Los manuscritos encuadernados más antiguos que se conservan hoy en día proceden de la Biblioteca de Nag Hammadi, en Egipto, una colección de trece códices coptos de papiros de los siglos III y IV d. C.

Este tipo de encuadernación se usaba ya en las primeras civilizaciones de Egipto, Roma y Grecia para preservar manuscritos, pero no fue hasta la Edad media, en Europa, cuando este proceso se convirtió en un arte, llevado a cabo por copistas en los monasterios, que usaban una encuadernación en piel con detalles decorativos para proteger y añadir un acabado llamativo a los libros.

Después se cambió la piel por otros materiales. En el Renacimiento se recuperó y se perfeccionó la técnica en Italia y Francia, donde se crearon libros con unas cubiertas en piel muy elaboradas y con valor artístico.

En los siglos posteriores se siguió usando para la publicación de ediciones de lujo. En la actualidad se continúa usando sobre todo en procesos artesanales. Se ha convertido prácticamente en un arte, considerado de gran elegancia y calidad.

Los tipos de piel o cuero más usados en la encuadernación son los que se describen a continuación.

Piel natural

El uso de piel natural para encuadernación implica el uso de cuero o piel auténtica procedente de animales. Hay disponibles diferentes tipos de materiales o cueros:

- **Cuero de cabra:** es suave, flexible y duradero. Se usa para libros pequeños o medianos.
- **Cuero de ternera:** es más grueso y firme que el cuero de cabra, por lo que se usa en libros de mayor tamaño. Puede grabarse con diseños.
- **Cuero de cerdo o porcino:** es más grueso y resistente que los anteriores, pero hoy en día apenas se usa pese a ser más económico.
- **Cuero de cordero:** es muy suave y tiene una textura muy lisa, por lo que se usa en encuadernación de alta gama. Debido a su suavidad es menos resistente.
- **Cuero de becerro:** es más suave y flexible que el de ternera. Se usa también para ediciones de lujo.
- **Vitela:** pergamino fino procedente de la piel de ternero, cabrito o cordero. Es muy suave y tiende a encogerse.
- **Marruecos:** piel de cabra con un grano fino, especialmente apreciada por como se muestra el color dorado en ella.

- **Skiver:** una piel de oveja o cabra más económica que se suele usar para las etiquetas de los lomos.
- **Badana:** es un tipo de piel de cabra muy suave y de grano fino.
- **Cordobán:** es un tipo de piel conocido como cuero cordobés, elaborado con piel de cabra, lo que profiere un acabado elegante.

Técnica del cordobán

 Actividades

9. Hay un tipo de badana conocido como badana valenciana muy usado en España. Investigue y explique en qué consiste.

La piel o cuero es un material estupendo para aplicar sobre él diversas técnicas decorativas, entre las que destacan:

- **Grabado ciego:** tallado decorativo por presión sin coloración.
- **Grabado en oro:** se aplica una lámina de oro sobre la superficie de la piel.

- **Dentelle:** es un tipo de adorno grabado en el borde de la cubierta. Se conoce también como encaje.
- **Estampado:** se aplica presión a la piel para añadir un diseño.
- **Repujado:** se crean diseños en relieve sobre la piel.

Piel curtida a flor

Es un tipo de cuero que ha sido sometido a un proceso de curtido en el que la piel conserva una capa original conocida como flor, confiriéndole al cuero una textura especialmente suave y un aspecto natural. Durante el proceso se eliminan los excesos de grasa y fibras y se añaden preservantes naturales.

Piel curtida con pigmentos

Se trata de un tipo de piel o cuero al que se le han aplicado pigmentos o colorantes a base de agua durante el proceso de curtido. Pueden ser de una gran variedad y se aplican junto con preservantes para aumentar el sellado.

Para conservar la piel en una calidad óptima se suelen usar conservantes o preservantes naturales en lugar de productos químicos para ayudar a mantener la resistencia de la piel.

El preservante natural más conocido es el zumaque, que es una sustancia natural extraída de la corteza y las hojas de la planta del zumaque, que contiene un alto concentrado en taninos, lo que ayuda a convertir la piel en un material resistente al deterioro y la descomposición.

 Nota

Otros preservantes naturales son el extracto de semilla de pomelo, los aceites esenciales como el de romero y el de eucalipto, o el vinagre de manzana.

Actividades

10. Durante el siglo xix, se usaba la piel para encuadernar las enciclopedias. ¿Cuál era el tipo de piel que se usaba con este fin? ¿Por qué?

Pieles sintéticas

Además de las pieles naturales, también se usan en encuadernación pieles sintéticas, que imitan la textura y la apariencia del cuero natural y que son más económicas, aunque el tacto y el acabado nunca será igual.

Nota

Las pieles sintéticas también se conocen con el nombre de polipiel y constituyen una forma más ética que el uso de piel natural.

Algunos de los materiales más usados para elaborar estas pieles sintéticas son:

- **Cloruro de polivinilo o PVC:** se usa por su resistencia y durabilidad.
- **Poliuretano (PU):** conocido como PU *leatherette,* es muy similar al cuero natural y resistente al agua.
- **Guaflex:** es un material hecho de una base de tela recubierta con una capa de poliuretano termoplástico (TPU) o vinilo que le aporta resistencia.
- **Teflex:** es una piel sintética compuesta por una serie de capas termoplásticas de poliuretano que lo convierte en un material resistente.
- **Microfibra:** es un material hecho por fibras ultrafinas que se asemejan a la textura de la piel.

 **Actividades**

11. En el siguiente enlace se describen los diferentes materiales para pintar pieles. Realice un resumen de su contenido.

https://redirectoronline.com/uf02510201

5.3. Textil

La encuadernación textil es un tipo en el que se usa tela para forrar las tapas de un libro. Es una técnica artesanal en la que prima el valor estético del documento, ya que se puede elegir entre una gran variedad de telas, a las que incluso se le pueden añadir adornos, estampados o bordados adicionales para personalizar el acabado del libro.

Las telas que se suelen usar para forrar los libros son las que se describen a continuación.

Tela laval

Es una tela compuesta de algodón 100 %, lo que le confiere unas características únicas que la hacen transpirable y resistente al desgaste. Gracias al algodón tiene una textura muy suave. Su acabado suele ser mate con una gran variedad de colores y estampados.

 **Nota**

También existen telas que mezclan algodón con otras fibras para crear telas con diferentes texturas y colores.

Lona

La lona puede estar fabricada con algodón, poliéster o una mezcla de ambos. Tiene una textura áspera y gruesa, lo que le confiere una apariencia robusta que la hace recomendable para acabados donde se busque un diseño industrial. Dependiendo del uso que se le vaya a dar, puede usarse una lona de más o menos grosor y densidad.

Lino

El lino tiene una textura muy natural que añade un toque distintivo al acabado. Pese a ser muy delicado, es a la vez muy resistente a la abrasión y al desgaste, además de estar disponible en una gran variedad de colores.

Puesto que es una fibra natural, es respetuoso con el medioambiente y se suele opción sostenible.

Telas especiales

Además de las telas más usadas, existen otro tipo de tejidos especiales que tienen unas características únicas que también se pueden usar para encuadernar productos con un acabado único:

- **Tela damasco:** es un tejido caracterizado por un patrón estilo Jacquard que suele estar en relieve e incluye motivos decorativos como flores o animales.
- **Seda:** se usa para encuadernaciones de alta gama en las que prima la suavidad y el brillo.

- **Terciopelo:** otorga una calidad al libro con una textura única.
- **Moaré:** es un tejido que se caracteriza por tener un patrón con ondulaciones repetitivas que simulan las olas del mar.
- **Raso:** es un tipo de tela con una superficie suave y lisa que confiere un acabado con un brillo que recuerda a la seda.

 Nota

El patrón Jacquard se denomina así por su inventor, Joseph Marie Jacquard, que lo desarrolló a principios del siglo XIX. Usa patrones que incluyen diversos elementos como figuras geométricas, paisajes o retratos.

5.4. Plásticos

En la encuadernación el plástico se usa para fabricar diversos elementos, entre los que también se encuentran las cubiertas que protegen las tapas de un libro. Es un material que se elige sobre todo si se le quiere añadir un punto de resistencia al desgaste y al daño contra manchas, rasguños o líquidos. Además, es un material muy económico y fácil de limpiar.

Los tipos de tapas de plástico disponibles en el mercado son:

- **Tapas de plástico transparente:** están hechas de plástico PVC transparente.
- **Tapas de plástico opaco:** están hechas de plástico sólido en variedad de colores. Es una cubierta que oculta el contenido del libro.
- **Tapas de plástico termoligadas:** están fabricadas con un plástico que se puede añadir al documento encuadernado aplicando color, creando una resistencia muy fuerte.
- **Tapas texturizadas:** son unas cubiertas realizadas de un plástico al que se ha añadido textura con relieve o rugosa.

- **Tapas de plástico reutilizables:** se trata de un tipo cubierta con un sistema de apertura y cierre que facilita la inserción y extracción de los documentos.

 Nota

Al igual que ocurría con los hilos, también se encuentran bobinas de encuadernación de PVC, que son rollos de plástico fabricados con PVC que se utilizan para crear diferentes cubiertas.

 Aplicación práctica

Jorge es un joven emprendedor que va a lanzar una pequeña editorial especializada en libros de lujo. Está decidido a que su empresa destaque no solo por la calidad de sus publicaciones, sino en su compromiso con el medio ambiente. Para ello, lo primero que quiere hacer es seleccionar el material adecuado para las cubiertas de sus libros.

Indique a qué problemas se enfrenta y qué materiales podrá usar, teniendo en cuenta que las cubiertas deben ser resistentes y lujosas, que respeten el medioambiente y que la encuadernación se hará de forma artesanal.

SOLUCIÓN

Jorge se va a encontrar con una amplia gama de materiales disponibles: cartón, piel, telas y plásticos. El cartón parece ser una opción interesante, debido a su versatilidad y resistencia, pero el impacto ambiental de su producción puede ser excesivo. La piel, con su elegancia clásica, es tentadora, pero su uso puede ser controvertido en términos de sostenibilidad. Las telas ofrecen una opción estética y sostenible, pero puede que no sean lo suficientemente duraderas para los libros en los que se va a centrar Jorge. Por último, los plásticos ofrecen resistencia y facilidad de limpieza, pero tienen un gran impacto ambiental.

Ante esta problemática, la mejor opción será utilizar telas de alta calidad, como el lino o la seda, tratadas con técnicas de preservación natural y recicladas cuando sea posible.

Continúa en página siguiente >>

<< Viene de página anterior

Estas telas ofrecen la combinación perfecta de lujo, durabilidad y respeto al medio ambiente.

Con el material de cubierta seleccionado, Jorge puede lanzar su editorial con confianza, sabiendo que sus libros no solo serán estéticos y duraderos, sino también respetuosos con el medio ambiente.

6. Resumen

Dentro de la industria de la impresión y la encuadernación hay una serie de estándares de calidad que guían el proceso de encuadernación, para los que se deben tener en cuenta una serie de requisitos o consideraciones que a la hora de llevar a cabo este proceso crucial en la producción de libros.

Estas consideraciones abarcan una amplia gama de aspectos, desde la selección de materiales hasta la aplicación de técnicas específicas, en cuya aplicación intervienen criterios de calidad que deben ser considerados en cada etapa del proceso, así como las diferencias entre la encuadernación industrial y artesanal.

Para la encuadernación, un paso crucial es la aplicación de cola, por lo que se deben conocer los diferentes tipos disponibles, desde la tradicional cola blanca hasta el pegamento PUR, teniendo en cuenta sus características y aplicaciones específicas. Del mismo modo, tenemos también otra forma de unión como es el cosido, que implica tanto una gran variedad de materiales (alambres e hilos) como de técnicas (encolada, engomada, cosida, grapada, etc.

El forro de libros es otro aspecto crucial de la encuadernación, para el que se usan materiales como cartones, telas, piel y plástico. Cada material tiene sus propias características y aplicaciones. La elección dependerá del tipo de publicación y de las preferencias del encuadernador.

Ejercicios de repaso y autoevaluación

1. ¿Qué es la encuadernación y por qué es importante en el proceso de impresión de libros?

_____

_____

_____

_____

2. Una cada técnica de encuadernación con su descripción correspondiente.

    a. Encuadernación con cola o encolada
    b. Encuadernación fresada o americana
    c. Encuadernación en espiral

    __ Implica el fresado o recorte del lomo del bloque de papel y la aplicación de adhesivo caliente para unir las páginas al mismo tiempo que se adhieren a la cubierta, que debe ser flexible.
    __ Las páginas de un libro se unen mediante un adhesivo o cola aplicado al borde de estas, lo que crea una unión entre las páginas, un bloque compacto que sería el libro.
    __ Las páginas de un documento se unen usando un espiral metálico o de plástico al que comúnmente se le llama canutillo, pieza que se inserta en los agujeros perforados de las páginas y luego se enrosca para cerrarlo.

3. Elija la opción correcta:

¿Qué técnica de encuadernación se usa principalmente en revistas o folletos, especialmente en documentos con un número bajo de páginas y una vida útil corta?

    a. Encuadernación con cola o encolada
    b. Encuadernación en espiral
    c. Encuadernación fresada o americana

¿Qué técnica de encuadernación es conocida por su elegante estética y se caracteriza por la costura, realizada a mano?

    a. Encuadernación japonesa
    b. Encuadernación en espiral
    c. Encuadernación con tornillos

4. Complete la siguiente oración:

La encuadernación en tapa dura implica la creación de una cubierta rígida para los libros usando _____ u otro material similar.

5. ¿Cuál es un método de encuadernación originado en Egipto?

_____

_____

6. ¿Cuál es el principal componente de la cola blanca utilizada en encuadernación?

    a. La acetona
    b. El acetato de polivinilo (PVA)
    c. El cloruro de polivinilo (PVC)
    d. El polietileno

7. Indique si la siguiente oración es verdadera o falsa: "La cola de pescado es un adhesivo natural comúnmente usado en encuadernación".

    ☐ Verdadero
    ☐ Falso

8. ¿Qué es el estucado en el proceso de forrado de libros?

_____

_____

9. ¿Cuándo se inventó la cola PUR?

_____

_____

10. ¿Cuál es uno de los materiales más utilizados en la encuadernación de tapa blanda?

    a. El cartón de pasta dura
    b. El cartón pluma
    c. El cartón de _chipboard_
    d. El cartón contracolado

11. ¿Qué material se usa para la encuadernación textil?

    a. La lona
    b. El cartón pluma
    c. La polipiel
    d. El cartón de pasta dura

12. Indique si la siguiente oración es verdadera o falsa: "Las telas de lino son muy delicadas y no resistentes al desgaste".

    ☐ Verdadero
    ☐ Falso

13. Durante el siglo XIX, ¿qué tipo de piel se usaba comúnmente para encuadernar enciclopedias?

_____

_____

14. ¿Qué ventajas tiene la cola PUR sobre otros adhesivos?

_____

_____

_____

_____

15. ¿Cuál es la principal diferencia entre las pieles sintéticas y las pieles naturales?

_____
_____
_____
_____

Capítulo 4

Seguimiento de la calidad en la materia prima

Contenido

1. Introducción

En el dinámico y desafiante ámbito de la producción gráfica, la calidad de los materiales básicos juega un papel crucial. Ya sea para imprimir revistas, libros, crear envases o etiquetas, cada impresión es el fruto de un proceso minucioso, que comienza con la selección y supervisión de la materia prima. En este contexto, la vigilancia de la calidad de los materiales básicos emerge como un elemento indispensable para garantizar la excelencia en los productos finales.

Este procedimiento conlleva una evaluación meticulosa de los materiales empleados, desde el papel y la tinta hasta los sustratos especiales, asegurándose de que cumplan con los estándares más exigentes de la industria gráfica.

En este capítulo se analizará detalladamente la importancia de supervisar la calidad de los materiales básicos en el sector, resaltando sus ventajas, retos y las prácticas óptimas para asegurar la excelencia en cada fase del proceso de producción.

2. Tipo de muestreo según la materia prima

El muestreo de las materias primas es un paso crucial en el proceso de control de calidad para asegurar que los materiales cumplan con las especificaciones requeridas antes de ser integrados en la cadena de producción. Esto garantiza el cumplimiento de los estándares de calidad necesarios, lo que contribuye a la satisfacción del cliente.

El **muestreo** se define como la técnica de inspección que verifica la conformidad de los productos dentro del control de calidad. Se lleva a cabo mediante la selección de una muestra aleatoria del producto, lo que implica la formación de lotes de productos similares para su inspección y evaluación. Esto permite obtener una muestra representativa de la calidad de los productos.

 **Nota**

Es fundamental que la formación de los lotes se realice de manera aleatoria para garantizar la validez de los resultados, evitando sesgos o preferencias preestablecidas.

Para que la selección de muestras sea representativa y adecuada para evaluar la calidad de los productos, se deben tener en cuenta consideraciones como la variabilidad y las características del lote, la selección aleatoria de la muestra para que todas las unidades del lote tengan la misma probabilidad de ser seleccionadas, las características específicas del material que se va a evaluar y el tamaño de la muestra, que debe ser lo suficientemente grande para ser representativo, pero también lo suficientemente pequeño como para ser práctico de evaluar.

 Nota

Es esencial documentar el proceso de selección de la muestra para garantizar la integridad de los datos. Quedarán registradas informaciones como la fecha de selección, el método utilizado y el tamaño de la muestra.

En el ámbito de la producción gráfica, el muestreo se emplea para verificar la calidad y conformidad de una variedad de productos y procesos relacionados con la impresión, encuadernación y diseño gráfico.

Ejemplo

Por ejemplo, se utiliza para evaluar las materias primas de los materiales impresos y del embalaje, realizar pruebas de color y calidad de imagen, inspeccionar acabados como los barnices y las materias primas utilizadas en la encuadernación, etc.

Actividades

1. ¿Cuáles cree que serían las ventajas de realizar el muestreo por lotes en lugar de tomar pruebas por unidades?

2.1. Métodos de selección de muestras

Existen varios métodos para seleccionar las muestras que dependen del contexto específico y de los objetivos del muestreo. Estos métodos incluyen:

- **Muestreo aleatorio.** En este método, cada unidad de producto tiene la misma probabilidad de ser seleccionada para formar parte de la muestra. Es el más simple, pero puede no ser adecuado en lotes muy heterogéneos.
- **Muestreo estratificado.** Las materias primas se dividen por lotes homogéneos, basados en ciertas características como calidad, fecha de producción, etc., y se selecciona una muestra aleatoria de cada lote o estrato, asegurando que cada uno esté representado en la muestra.
- **Muestreo por conglomerado.** Las materias se dividen en lotes o conglomerados, y luego se seleccionan algunos de estos para formar la muestra. Es un método útil cuando no hay una lista completa de las materias primas.
- **Muestreo sistemático.** En este método se elige aleatoriamente un elemento inicial y luego se seleccionan los elementos restantes a intervalos regulares. Tiene la principal desventaja de que puede introducir sesgos.

 **Actividades**

2. Busque información y determine si estos tipos de selección de muestra sería métodos probabilísticos o no probabilísticos. Justifique su respuesta.

2.2. Muestreo de aceptación

El muestreo que se suele utilizar para la evaluación de materias primas se conoce como **muestreo de aceptación.** Se utiliza para determinar si un lote de productos cumple con los requisitos de calidad antes de su aceptación o rechazo. Para ello, se selecciona una muestra del lote y se evalúa según diferentes parámetros de calidad, que harán que se acepte o se rechace el lote. Dependiendo del tipo de características que se vayan a evaluar, se pueden encontrar cuatro tipos de muestreo de aceptación.

Muestreo por variables

En este tipo de muestreo, se mide una variable o característica específica del producto como el peso, las dimensiones o la resistencia, que posteriormente se compara en una tabla de muestreo estadístico para saber si el lote es apto.

Muestreo por atributos

Para realizar este tipo de muestreo, se clasifican los productos en categorías diversas de acuerdo con criterios predefinidos (por ejemplo, si es defectuoso o no o si es aceptable o no). Para llevarlo a cabo, se selecciona una muestra y se inspecciona para determinar la presencia o ausencia de esos atributos o criterios, para, posteriormente, valorarlo con una tabla de muestreo estadístico.

El muestreo de aceptación por atributos se puede clasificar en tres tipos:

■ **Muestreo simple o único:** se toma solo una muestra de un lote al azar.

- **Muestreo doble:** se toman hasta dos muestras, aunque se podrá decidir si un producto es aceptable solo con la primera de ellas. La segunda se extraería solo si la evaluación de la primera no es concluyente.
- **Muestreo múltiple:** se procede igual que en el muestreo doble, pero se pueden extraer todas las muestras que se quieran.

 Nota

La **ISO 2859** es el estándar internacional que proporciona el marco para el muestreo de aceptación por atributos. Proporciona las orientaciones sobre la selección de la muestra, los criterios y la toma de decisiones de la aceptación de la muestra.

Muestreo sistemático

En este método se elige aleatoriamente un elemento inicial y luego se seleccionan los elementos restantes a intervalos regulares. Tiene la principal desventaja de que puede introducir sesgos.

Muestreo secuencial

Para este tipo de muestreo se toman muestras de un lote y se evalúan sucesivamente, por secuencias, hasta que se llega a una decisión de aceptación o rechazo. Es un método rápido, ya que permite avanzar o detener el análisis tan pronto como se toma una decisión.

2.3. Nivel de calidad aceptable (AQL)

En el muestreo de aceptación elegir el plan de muestreo correcto es determinante para garantizar que una materia prima o producto cumple con los estándares de calidad que se requieren. Para ello, se deberán tener en cuenta diversos factores, entre los que destaca el nivel de calidad aceptable.

El **nivel de calidad aceptable** o AQL *(acceptable quality level)* es un concepto que se utiliza en el control de calidad de materias primas para especificar el nivel máximo de defectos o errores que se considera aceptable en un lote de productos durante un muestreo o inspección. Se establece a través de un porcentaje o número máximo de defectos permitidos.

Ejemplo

Un nivel de calidad aceptable del 1 % significa que se aceptará el lote si el porcentaje de defectos en la muestra no supera el 1 %.

Nota

La **curva de aceptación** sería la representación gráfica que muestra cómo varía la posibilidad de aceptación en función del tamaño de la muestra y del nivel de calidad aceptable y se utiliza para tomar decisiones sobre si se acepta o se rechaza un lote de productos basándose en los resultados de un muestreo.

Actividades

3. Realice una curva de aceptación para una imprenta que produce libros, tomando un lote de 200 libros y un nivel de aceptación del 2 %. ¿Cuántos libros defectuosos se podrían permitir en el lote? Puede ayudarse buscando más información sobre la curva de aceptación en internet.

3. Índice de desviaciones

En el contexto de las empresas que se dedican a la producción gráfica, dentro del concepto de **desviación** se engloban aquellas discrepancias en relación con los estándares, procedimientos o requisitos establecidos que afectan a la calidad de los productos.

Estas desviaciones pueden tener un origen diverso, desde problemas en los procesos de producción hasta deficiencias en la gestión o factores externos a la empresa. Algunos factores que se pueden traducir en desviaciones serían, por ejemplo:

- **Problemas en los procesos de producción:** como errores en la configuración de los equipos de impresión o falta de mantenimiento. Son problemas que pueden llevar a impresiones de baja calidad, retrasos y aumento de los costes.
- **Materias primas defectuosas:** si las materias primas que se utilizan no cumplen con los requisitos establecidos, esto provocará desviaciones en la calidad del producto final.
- **Errores humanos:** se pueden producir errores de diseño, mala interpretación de los requerimientos del cliente o falta de capacitación del personal encargado.
- **Una mala planificación y gestión del proyecto:** puede llevar a desviaciones en cuanto a una estimación incorrecta de los plazos o los costes, etc.
- **Factores externos:** como cambios en el mercado, desastres naturales o problemas con el transporte. Aunque son impredecibles, se debe tener un plan de contingencia para suavizar el impacto de la desviación.

Estos factores pueden llevar a diversos tipos de desviaciones, como pueden ser:

- **Desviaciones en la calidad del producto impreso:**

  - Problema: se trata de problemas como colores incorrectos, falta de alineación de un documento, impresión borrosa o defectos en el acabado.

■ Solución: realizar inspecciones visuales exhaustivas y pruebas de calidad, además de implementar acciones correctivas para abordar las causas de la falta de calidad.

■ Desviaciones en los costes de producción:

■ Problema: se pueden producir aumentos en los costes de la materia prima, errores en la estimación de los presupuestos, desperdicio de los materiales, etc.

■ Solución: realizar un seguimiento de los costes, realizar adecuadamente el cálculo de las desviaciones y tomar medidas para mejorar la rentabilidad de un producto.

■ Desviaciones en los plazos de entrega:

■ Problema: pueden surgir situaciones en las que los productos no se entreguen en los plazos acordados por retrasos de la producción, problemas de logística o del transporte, etc.

■ Solución: tener una comunicación efectiva con el cliente, ajustar los plazos siempre que sea necesario y tomar medidas para evitar estos problemas en el futuro.

■ Desviaciones en los estándares de seguridad:

■ Problema: si los estándares de seguridad no son los adecuados se pueden producir accidentes en el lugar de trabajo, debido a prácticas inseguras, equipos defectuosos o falta de capacitación.

■ Solución: implementación de medidas de seguridad, proporcionar capacitación adecuada al personal y realizar inspecciones regulares de los equipos.

■ Desviaciones en la satisfacción del cliente:

■ Problema: los clientes no quedan satisfechos con el producto final.

■ Solución: recopilar comentarios de los clientes, mantener una comunicación efectiva y buscar formas de mejorar la experiencia en el futuro.

Actividades

4. En una empresa de producción gráfica se pueden encontrar más tipos de desviaciones. Busque información y explique qué otros tipos se podrían encontrar.

3.1. La desviación presupuestaria

Una de las desviaciones que más daño puede causar tanto a la empresa como al cliente es la **desviación presupuestaria** y los diversos problemas que se pueden derivar de ella, ya que normalmente viene acompañada de otro tipo de desviaciones de las que se ha hablado. Es un tipo de desviación que se produce debido a causas como:

- Errores en la subestimación o sobrestimación de los costes de las materias primas, la mano de obra y los costes indirectos.
- Fluctuaciones en los precios de las materias primas.
- Falta de eficiencia en los procesos de producción, como retrasos, desperdicios de materiales y mano de obra excesiva.
- Cambios en los requisitos del cliente o del mercado.
- Mala planificación del proyecto, asignación inadecuada de recursos y gestión ineficiente de los costes.

Nota

Los **costes indirectos** son aquellos que no pueden atribuirse a la producción de un servicio específico, es decir, costes que no están relacionados con un proceso de fabricación en particular, sino con la operatividad general de una empresa.

La desviación presupuestaria sería, por tanto, la diferencia que se produce entre los costes reales y los costes presupuestados para un proyecto. Esta diferencia, que puede ser positiva o negativa, se utiliza para evaluar el rendimiento financiero y la eficiencia de la gestión de los costes. Para calcular la desviación presupuestaria se puede aplicar la siguiente fórmula básica:

desviación presupuestaria = costos reales - costos presupuestados

Si los costes reales son mayores que los presupuestados, la desviación será positiva; en cambio, si son menores que los presupuestados, la desviación será negativa.

 Ejemplo

Si los costes reales de producción fueron de 4.000 € y los presupuestados fueron de 3.500, entonces la desviación presupuestaria es positiva, lo que indica que los costes reales fueron 500 € más de lo presupuestado:

Desviación presupuestaria = 4.000 € - 3.500 € = 500 €

El cálculo de las desviaciones presupuestarias permite a la empresa evaluar el rendimiento financiero y la eficiencia en la gestión, para poder identificar dónde se están excediendo en los presupuestos, y tomar las medidas correctivas necesarias para que esto no se traduzca en falta de calidad y, por tanto, en insatisfacción del cliente.

Actividades

5. Si los costes reales de producción de una imprenta fueron de 12.000 € y los costes presupuestados fueron de 14.000 €, ¿la desviación presupuestaria sería positiva o negativa? Justifique la respuesta.

Cuando al calcular las desviaciones presupuestarias el resultado es positivo, es decir, no es favorable, se deberá actuar para restablecer el equilibrio presupuestario. Para ello, se tendrán que seguir los siguientes pasos:

1. **Identificación de las causas de las desviaciones.** La identificación de las causas incluiría:

   ■ Cálculo y revisión de la desviación presupuestaria.
   ■ Identificación de las principales variaciones, agrupando las desviaciones en categorías.
   ■ Realización de consultas a cada departamento para comprender las razones de las desviaciones.

2. **Análisis de las desviaciones.** Habría que analizar los siguientes aspectos:

   ■ Clasificar las desviaciones en favorables (cuando los costes reales son inferiores a los presupuestados) y en no favorables (cuando los costes reales son superiores a los presupuestados).
   ■ Identificar las causas subyacentes de las desviaciones.

3. **Desarrollo de medidas correctoras.** Una vez que se han identificado las causas y se han analizado detenidamente las desviaciones presupuestarias que se han localizado, se deberán aplicar medidas correctivas para intentar evitar que puedan repetirse en el futuro. Para ello, habrá que hacer lo siguiente:

- Definir los objetivos específicos, que deberán ser medibles y alineados con la estrategia de la empresa.
- Desarrollar las medidas que puedan solucionar los problemas derivados de la desviación.
- Establecer un plan que incluya las acciones específicas que se van a llevar a cabo.

4. **Implementación de las medidas.** Por último, se implementarán las acciones que se han planificado y se realizará un seguimiento del progreso de las medidas correctoras que se han acordado, para evaluar su impacto en la empresa. Esto implica la realización de ajustes según evolucionen los objetivos.

4. Histórico de proveedores

Los proveedores juegan un papel esencial en una cualquier empresa. En aquellas dedicadas al sector de producción editorial, son vitales para garantizar que la materia prima sea de la máxima calidad, pues son quienes suministran los materiales y equipos con los que se trabajarán. Por ello, se debe garantizar que se realiza un proceso adecuado de selección y contratación de proveedores, para lo que la empresa podrá definir un decálogo de buenas prácticas que contenga los pasos que seguir. Normalmente, este proceso incluye los siguientes pasos:

- Definir los estándares de calidad que se esperan de los proveedores, como certificaciones de calidad o políticas de sostenibilidad.
- Buscar información sobre los proveedores potenciales en bases de datos comerciales o a través de recomendaciones de otras empresas de la industria.
- Enviar propuestas a los posibles proveedores para conocer su experiencia, capacidad, etc.
- Analizar las respuestas y seleccionar los proveedores.
- Verificar la capacidad técnica y la gestión de calidad de los proveedores.
- Establecer acuerdos de calidad con los proveedores seleccionados.

Una vez realizado este proceso, y antes de cerrar el contrato final con el proveedor, se deberá realizar la homologación de estos, mediante la que se realiza la evaluación de los proveedores potenciales, para garantizar que definitivamente cumplen con los requisitos de calidad, servicio y ética de la empresa.

Tras la contratación de los diferentes proveedores, será especialmente relevante realizar un registro de sus datos y actividad, lo que se conoce en el mundo empresarial como **histórico de proveedores,** que no es sino una base de datos de los proveedores con los que se ha trabajado o se está trabajando.

 Definición

Histórico de proveedores
Es un conjunto de registros de una empresa sobre las operaciones o transacciones realizadas y las relaciones comerciales con sus proveedores.

Este registro o conjunto de registros se debe llevar a cabo de forma organizada. Para ello se debe incluir la siguiente información básica:

1. **Identificación de los proveedores:** mediante una lista, se deben incluir todos los proveedores con los que se ha trabajado, incluyendo tanto proveedores de las materias primas como de la maquinaría o transporte.
2. **Información básica:** se debe registrar la información completa del proveedor.
3. **Registro de transacciones:** se incluyen las operaciones realizadas con esos clientes.
4. **Evaluación de los proveedores:** se evalúa la calidad del servicio ofrecido por el proveedor. Para ello, se tendrán en cuenta los siguientes factores:

   - Calidad de los suministros
   - Confianza en los datos ofrecidos
   - Fiabilidad de los plazos de entrega
   - Flexibilidad del proveedor
   - Competitividad de los precios

■ Servicio al cliente

■ Políticas de sostenibilidad

■ Certificaciones de calidad

■ Disponibilidad de *stock*

■ Reputación y referencias

■ Etc.

5. **Comentarios adicionales:** se trata de información adicional que se puede incluir mediante comentarios.

 Nota

El historial de proveedores puede reunir toda la información que la empresa requiera. Además, será importante que venga acompañado de un registro de toda aquella documentación relacionada con estos, como los pedidos realizados, los albaranes, las facturas, etc.

El histórico de proveedores siempre debe estar actualizado y almacenado de forma segura; incluso se podría obtener *software* especializado si la empresa tiene un gran volumen de proveedores, para que ayude a facilitar la organización de la información. Realizar un registro adecuado ayudará a la empresa a tomar decisiones sobre los proveedores que mejor se ajusten a la empresa, lo que garantizará la calidad del proceso.

 Nota

El registro del histórico de proveedores se suele realizar mediante el uso de *Microsoft Word* o, para mejorar el almacenamiento de datos, *Microsoft Excel,* aunque este no será útil cuando la empresa maneja grandes volúmenes de información y un amplio historial, para lo que se deberá recurrir a programas específicos como *SAP ERC, Oracle NetSuite* o *QuickBooks.*

A continuación, se puede ver un ejemplo. Es la información que incluiría el registro de un proveedor en un histórico de proveedores:

Historial de proveedores - Encuaderna2 1.º trimestre 2024			
Identificación del proveedor			
Papelería Hojas sueltas			
Información básica			
Dirección: calle Principal, 01, Córdoba **Teléfono:** 34 123 567 890 98 **Correo electrónico:** info@hojassueltas.es **Persona de contacto:** Alonso Ruiz			
Registro de transacciones			
Fecha	**Tipo de transacción**	**Cantidad**	**Observaciones**
08/01/2024	Compra papel seda (1.000 ud.)	370 €	Calidad excelente
12/01/2024	Compra papel *offset* (1.000 ud.)	250 €	Calidad excelente
010/03/2024	Compra papel *couché* (1000 ud.)	285 €	Calidad excelente
Evaluación del proveedor			
- Excelente calidad de los suministros - Información precisa de los datos ofrecidos - Cumplimiento puntual en la mayoría de las entregas - Precios competitivos - Excelente atención al cliente - Compromiso con prácticas sostenibles - Certificaciones de calidad reconocidas - Amplio inventario en *stock* - Referencias positivas			
Comentarios adicionales			
Papelería Hojas sueltas ha sido un proveedor consistente desde que empezamos a trabajar con ellos. Su calidad del servicio y compromiso son destacables.			

Aplicación práctica

Después de revisar el caso de estudio anterior, que ilustra un histórico de proveedores, usando una plantilla similar registre un nuevo proveedor para la empresa Encuaderna2.

En este escenario, se hará referencia a la empresa Cartón y Pluma S. L., de la cual se adquieren cartones para la fabricación de cubiertas.

El registro deberá incluir toda la información recogida en el ejemplo: identificación del proveedor, información básica, registro de transacciones, evaluación del proveedor y comentarios adicionales.

Continúa en página siguiente >>

<< Viene de página anterior

SOLUCIÓN

Historial de proveedores - Encuaderna2 4.º trimestre 2024			
Identificación del proveedor			
Cartón y Pluma S. L.			
Información básica			
Dirección: plaza Redonda, 20, El Carpio, Córdoba **Teléfono:** 34 098 765 432 21 **Correo electrónico:** info@cartonpluma.es **Persona de contacto:** Gema Fernández			
Registro de transacciones			
Fecha	**Tipo de transacción**	**Cantidad**	**Observaciones**
03/10/2024	Cartón para cubiertas (1.000 ud.)	600 €	Buena calidad
05/11/2024	Cartoncillo (1.000 ud.)	560 €	Calidad deficiente
10//12/2024	Cartón para cubiertas (500 ud.)	320 €	Buena calidad
Evaluación del proveedor			
- Calidad satisfactoria, aunque la consistencia del cartoncillo no es la esperada - Información precisa sobre los materiales - Fiabilidad en los plazos de entrega establecidos - Buena disposición en la realización de cambios - Precios más elevados en comparación con otros proveedores - Buena recepción de nuestras consultas y reclamaciones - Buenas prácticas sostenibles - Certificaciones de calidad reconocibles - Buen nivel de *stock* en general - Buena reputación en el mercado			
Comentarios adicionales			
Cartón y Pluma S. L. ha sido un buen proveedor durante el año 2024. Aunque se han presentado ciertos problemas en cuanto a la calidad de los materiales, su desempeño en la resolución de los problemas ha sido satisfactorio.			

5. Consecuencias de la no calidad

El **control de calidad** es un aspecto fundamental en cualquier empresa, ya que asegura que los productos o servicios cumplan con los estándares de calidad establecidos, tanto por la empresa como por las expectativas del cliente.

La falta de calidad puede tener diversas consecuencias, comenzando por un impacto negativo en la satisfacción del cliente. Si los productos o servicios no cumplen con los estándares esperados, los clientes pueden perder la confianza en la empresa y buscar alternativas en la competencia, lo que perjudicará la reputación de la empresa y dificultará la captación de nuevos clientes. Además, la falta de calidad puede producir diversas desviaciones, de las que se ha hablado con anterioridad, que derivan en un aumento de los costos de producción y la consecuente rentabilidad a largo plazo.

En una empresa de producción gráfica, la calidad de las materias primas es crucial para la calidad del producto final. Por lo tanto, la empresa debe garantizar que las materias primas cumplan con características básicas como composición, compatibilidad con los procesos de impresión, textura, acabados, resistencia y sostenibilidad.

El control de calidad de un producto o servicio debe ser realizado por personas o departamentos capacitados. Los responsables de este control incluyen: personal de fabricación y producción, departamento de calidad, gerentes de producción, personal técnico de laboratorios de pruebas, clientes y usuarios finales.

5.1. Tipos de control de calidad

Los controles de calidad que se realizan en una empresa pueden clasificarse en varios tipos, según el momento en el que se realizan, los enfoques que se usan o los objetivos:

- **Control de calidad durante el proceso o CQP.** Se lleva a cabo durante las diferentes etapas de la producción para evitar que haya problemas que afecten al producto final.

- **Control de calidad en el punto de inspección o CQPI.** Se lleva a cabo en fases específicas de la producción.
- **Control de calidad final o CQF.** Se realiza al final del proceso de producción, cuando el producto está terminado. Así se evalúa antes de su envío al cliente.
- **Control de calidad en línea o CQOL.** Se lleva a cabo en tiempo real durante la producción, utilizando equipos automatizados para monitorizar los productos, controlando parámetros como la presión, etc.
- **Control de calidad estadístico o CQE.** Se usan diferentes técnicas estadísticas para controlar la calidad, incluyendo cartas de control o muestreo de productos.
- **Control de calidad por inspección o CQI.** Se realizan inspecciones visuales o pruebas físicas una vez que el producto está ya terminado.
- **Control de calidad por pruebas o CQP.** Se realizan pruebas específicas en los productos, para los que se suele usar un equipo de laboratorio.
- **Control de calidad por evaluación del cliente o CQC.** Se recopila información del producto a través de clientes gracias a encuestas de satisfacción, comentarios en línea, reclamaciones, etc.

 Actividades

6. Durante la impresión de periódicos en una rotativa, se utilizan sistemas de control automatizado que monitorean de manera constante la calidad de la impresión. Los sensores detectan desviaciones en la densidad de tinta y la alineación, y ajustan automáticamente la configuración de la máquina para mantener la calidad del producto. ¿Qué tipo de control de calidad cree que se ha realizado?

5.2. Estándares de calidad

Los **estándares de calidad** son los criterios o especificaciones establecidas para medir la calidad de un producto o servicio. Proporcionan un marco de referencia para garantizar que se cumplan ciertos requerimientos de calidad que satisfagan las expectativas de los clientes.

Estos estándares incluyen diferentes normas ISO, normas sectoriales, regulaciones gubernamentales o especificaciones internas de la empresa.

 **Definición**

Normas ISO
Son estándares internacionales desarrollados por la Organización Internacional de Normalización (ISO) que establecen requisitos y directrices para diferentes aspectos como la calidad.

Normas sectoriales
Son estándares específicos desarrollados por organizaciones o asociaciones de un determinado sector para garantizar la calidad de los productos y servicios de una determinada industria.

Las normas ISO 9000

Las normas ISO 9000 son un conjunto de normas internacionales que establecen los requisitos para un sistema de gestión de calidad en una empresa. Están diseñadas para ayudar a las empresas a garantizar la calidad de los productos.

 **Definición**

Sistema de gestión y control de la calidad (SGC)
Es un marco estructurado y documentado que una empresa imprenta emplea para asegurar que sus productos o servicios cumplan con estándares de calidad.

Las normas ISO 9000 son:

- **ISO 9000:** proporciona una visión general de los conceptos y el vocabulario relacionado de la gestión de la calidad.
- **ISO 9001:** establece los requisitos para un sistema de gestión de la calidad, con el objetivo de que se cumpla con los requisitos del cliente y la legislación vigente.
- **ISO 9004:** proporciona directrices para mejorar del desempeño y la creación de valor de un producto.

Sin duda son unas normas valiosas que pueden ayudar a las empresas a establecer sistemas de gestión de calidad efectivos, y mejorar la calidad y el rendimiento general de la empresa.

Modelo europeo de excelencia

Además de las normas ISO, el control de la calidad de una empresa también se guía por el modelo europeo de excelencia elaborado por la Fundación Europea para la Gestión de la Calidad o EFQM (por sus siglas en inglés, European Foundation for Quality Management). Se trata de un marco de referencia utilizado por organizaciones europeas e internacionales para la evaluación y mejora de las empresas en términos de calidad.

Se centra en nueve criterios fundamentales, que abarcan todas las áreas clave de una empresa: liderazgo, estrategia, personas, alianzas y recursos, proceso, resultados clave, clientes, sociedad, innovación y aprendizaje.

5.3. Los planes de control de calidad

Para determinar los estándares de calidad y evitar las consecuencias que puede tener la falta de esta, será crucial el establecimiento de un **plan de control de calidad** o PPC, que no será sino la hoja de ruta que establece los procedimientos y las actividades para garantizar que los productos o servicios cumplen con los estándares de calidad establecidos.

Este plan se deberá reflejar en un documento, que básicamente recogerá los siguientes aspectos:

- **Objetivo del plan de control:** se establece el propósito del plan, que será garantizar que las materias primas cumplan los estándares de calidad establecidos.
- **Descripción del producto:** se debe detallar el producto y el proceso de fabricación de este, para saber qué materias primas se han incluido.
- **Parámetros de control:** son las variables que se van a tener en cuenta en el muestreo, como las dimensiones, desgaste, grosor, resistencia, etc.
- **Métodos de medición:** se establece el tipo de muestreo que se va a realizar y el equipo para la evaluación.
- **Frecuencia del muestreo:** se debe establecer la frecuencia con la que se llevará a cabo el muestreo.
- **Acciones preventivas y correctivas:** se especifican los procedimientos que se llevarán a cabo, tanto de manera preventiva como correctiva, si se detectan desviaciones durante el muestreo.
- **Roles:** se establecerán las diferentes responsabilidades de las personas que van a llevar a cabo la implementación del plan de control.

Implementar un plan de control de calidad permite identificar y solucionar problemas relacionados con la calidad, reduciendo así las posibles consecuencias negativas derivadas de la falta de calidad. Esto lleva a una optimización de los recursos y mejora la competitividad en el mercado.

El plan de control de calidad de una empresa está íntimamente relacionado con un **sistema de gestión de calidad** específico. Mientras que el plan de control se centra en actividades concretas, el sistema de gestión de calidad tiene un enfoque más amplio, abarcando la estructura organizativa, las políticas y los recursos necesarios para gestionar y mejorar la calidad en toda la empresa.

Este sistema se basa en los diferentes estándares de calidad previamente mencionados y se utiliza para establecer los parámetros definidos en el plan de control, como los roles, la documentación de procesos y la implementación de acciones correctivas y preventivas. El objetivo es mejorar continuamente los estándares de calidad de la empresa.

Implementar este sistema es esencial para asegurar que la empresa cumpla con las regulaciones del mercado, incluidas las normas ISO y otras regulaciones aplicables en materia de calidad empresarial.

 Aplicación práctica

Establece un plan de control de calidad para la empresa de producción gráfica llamada Encuaderna2, dedicada principalmente a la encuadernación de libros.

Deberá crear un documento en el que se reflejan los puntos antes mencionados. Debe ser un plan que asegure que la empresa mantenga altos estándares de calidad en sus productos, lo que contribuirá a que el cliente quede satisfecho.

SOLUCIÓN

Plan de control de calidad para Encuaderna2

Objetivo: garantizar que las materias primas utilizadas en el proceso de encuadernación cumplan con los estándares de calidad establecidos.

Descripción del producto: Encuaderna2 se dedica principalmente a la encuadernación de libros, así que utilizan materias primas como papel, cartón, adhesivos, entre otros.

Parámetros de control:
- Dimensiones: se verificará que las dimensiones de las materias primas estén dentro de las tolerancias especificadas para cada producto.
- Grosor: se controlará el grosor de los materiales para asegurar la consistencia en la encuadernación.
- Resistencia: se evaluará la resistencia de los materiales para garantizar la durabilidad de los productos.
- Acabado: se inspeccionará el acabado de las materias primas para asegurar su calidad estética.

Métodos de medición: se realizará un muestreo aleatorio de las materias primas recibidas, utilizando instrumentos de medición como calibradores o micrómetros.

Continúa en página siguiente >>

<< Viene de página anterior

Frecuencia del muestreo: el muestreo se llevará a cabo en cada lote de materias primas recibido para su incorporación en el proceso de encuadernación con controles de calidad semanales.

Acciones preventivas y correctivas: se establecerán protocolos de recepción y almacenamiento de materias primas, para evitar posibles daños o contaminaciones, y se proporcionará capacitación al personal sobre la importancia de la calidad en el proceso de encuadernación. En caso de detectarse desviaciones o anomalías, se tomarán medidas correctivas inmediatas, que pueden incluir la retirada de materiales defectuosos, ajustes en los procesos o la revisión de proveedores.

Roles: se formará un equipo de calidad cualificado, formado principalmente por:
- Gerente de producción: responsable de supervisar la implementación del plan de control de calidad.
- Supervisor de calidad: encargado de coordinar y llevar a cabo los muestreos, así como de analizar los resultados.
- Personal de producción: responsable de seguir los procedimientos establecidos y reportar cualquier anomalía.

5.4. Herramientas de gestión de la calidad

Para ayudar a las diferentes empresas a identificar los posibles problemas derivados de la no calidad, analizar los datos recopilados por el plan de calidad y tomar las medidas correspondientes, existen una serie de herramientas de gestión de calidad.

Curva de costes de la calidad

Es una gráfica en la que se representa la relación entre los costes totales de la calidad y el nivel de calidad avanzado. A medida que se alcanzan niveles de calidad más altos, los costes de no calidad disminuyen.

Diagrama de Pareto

Es una herramienta de análisis que muestra la distribución de problemas o causas de la no calidad en orden descendente de frecuencia o impacto. Ayuda a identificar y priorizar las causas principales, por las que la empresa se podrá centrar en aquellas áreas que causen una problemática mayor.

Diagrama causa-efecto

También conocido como diagrama de espina de pescado, es una herramienta para identificar las posibles causas de un problema, organizando las causas en categorías como materiales, personal, medidas, etc., y ramas secundarias más específicas.

Diagrama de flujo

Es una representación gráfica en la que se representan la secuencia de actividades y la interacción entre ellas, para así identificar los problemas y las áreas de mejora.

Modelo GAP

El modelo GAP es una herramienta utilizada para identificar y comprender los obstáculos que existen entre las expectativas de los clientes y las percepciones de la empresa sobre la calidad del producto o servicio que ofrece. GAP viene del inglés *gap,* que significa 'obstáculo o 'brecha'. A su vez son las siglas de *good* (bueno), *average* (medio) y *poor* (pobre). Estas brechas generan discrepancias entre lo que los clientes esperan y lo que realmente reciben, por lo que identificarlas es fundamental para mejorar la calidad.

Los principales *gaps* que se deben tener en cuenta son:

Gap 1: Brecha de conocimiento	Se produce cuando la empresa no entiende adecuadamente las necesidades del cliente.
Gap 2: Brecha de diseño	Se produce cuando la empresa realiza un diseño que no cumple con las necesidades del cliente.
Gap 3: Brecha de entrega	Se produce cuando la empresa no cumple con los plazos acordados.
Gap 4: Brecha de comunicación	Se produce cuando la empresa no comunica eficientemente sus productos a los clientes.
Gap 5: Brecha de percepción	Se produce cuando los clientes no perciben el producto de la manera que la empresa esperaba.

 Actividades

7. Además de estas herramientas de gestión de la calidad, existen muchas otras, entre las que destacan el histograma y el diagrama de dispersión. Investigue y explique cómo funcionan.

Es importante conocer estos obstáculos para llegar a una buena relación con los clientes en términos de calidad.

6. Resumen

Dentro del seguimiento de la calidad en la materia prima, el muestreo de materias primas es esencial en el control de calidad para asegurar que los materiales cumplan con las especificaciones antes de la producción, contribuyendo así a la satisfacción del cliente.

En ocasiones se producen diversas desviaciones, que abarcan desde discrepancias respecto a estándares, procedimientos o requisitos establecidos que afectan la calidad de los productos. Originadas por diversos problemas, estas desviaciones pueden manifestarse en la calidad del producto final.

Por otra parte, el histórico de proveedores es esencial en empresas del sector para registrar las operaciones y relaciones comerciales con los proveedores. Permite evaluar la calidad del servicio ofrecido por los proveedores según varios factores como la calidad de los suministros, la confiabilidad en los plazos de entrega o unos precios competitivos, entre otros.

En definitiva, el control de calidad es un aspecto vital en cualquier empresa; asegura que los productos o servicios cumplan con los estándares establecidos y las expectativas del cliente. La falta de calidad puede resultar en la pérdida de confianza del cliente y un aumento de los costos de producción. Por lo tanto, la implementación de un plan de control de calidad es esencial para identificar y corregir problemas de calidad, optimizando recursos y mejorando la competitividad en el mercado.

Ejercicios de repaso y autoevaluación

1. ¿Cuál de los siguientes no es un método de selección de muestras?

    a. Muestreo aleatorio
    b. Muestreo estratégico
    c. Muestreo sistemático
    d. Muestreo por conglomerado

2. Complete la siguiente oración:

La _____ es la representación gráfica que muestra cómo varía la posibilidad de aceptación en función del tamaño de la muestra y del nivel de calidad aceptable.

3. Defina muestreo aleatorio.

_____

_____

4. Una cada método de selección de muestras con su descripción correspondiente:

    a. Muestreo aleatorio
    b. Muestreo estratificado
    c. Muestreo por conglomerado
    d. Muestreo sistemático

    __ Divide las materias primas por lotes homogéneos y selecciona una muestra de cada lote.
    __ Se elige aleatoriamente un elemento inicial y luego se seleccionan los elementos restantes a intervalos regulares.
    __ Cada unidad de producto tiene la misma probabilidad de ser seleccionada para formar parte de la muestra.
    __ Las materias primas se dividen en lotes o conglomerados y luego se seleccionan algunos de estos para formar la muestra.

5. ¿Cuál de los siguientes no es un factor que puede causar desviaciones en una empresa de producción gráfica?

    a. Problemas en los procesos de producción
    b. Estrategias de *marketing* ineficaces
    c. Cambios en los requisitos del cliente
    d. Factores externos como desastres naturales

6. ¿Qué es la desviación presupuestaria?

7. ¿Qué son los costes indirectos en una empresa de producción gráfica?

8. Describa tres posibles causas de desviaciones en los costes de producción en una empresa de producción gráfica y cómo podrían afectar a la calidad del producto final.

9. Indique si las siguientes oraciones son verdaderas o falsas:

    a. El histórico de proveedores es un conjunto de registros sobre las operaciones realizadas con los clientes de una empresa.

        ☐ Verdadero
        ☐ Falso

b. La homologación de proveedores se realiza después de cerrar el contrato final con el proveedor.

☐ Verdadero
☐ Falso

c. Los costes indirectos son un factor evaluado en la calidad del servicio ofrecido por los proveedores.

☐ Verdadero
☐ Falso

10. Complete la siguiente oración:

El _____ es un conjunto de registros de una empresa sobre las operaciones o transacciones realizadas y las relaciones comerciales con sus proveedores.

11. ¿Con qué concepto se relaciona la siguiente definición: "Evaluación de los proveedores potenciales para garantizar que cumplen con los requisitos de la empresa antes de cerrar un contrato con ellos"?

_____

_____

12. ¿Por qué es importante llevar un registro organizado del histórico de proveedores en una empresa?

_____

_____

_____

_____

_____

_____

_____

13. ¿Cuáles son algunas de las posibles consecuencias de la falta de calidad en los productos o servicios de una empresa?

_____
_____
_____
_____

14. Describa al menos tres tipos de control de calidad que se pueden llevar a cabo en una empresa y proporciona un ejemplo de situación en la que cada tipo de control sería aplicable.

_____
_____
_____
_____
_____
_____
_____

15. ¿Por qué es importante implementar un plan de control de calidad en una empresa y cómo se relaciona este plan con un sistema de gestión de calidad?

_____
_____
_____
_____
_____
_____
_____

Bibliografía

Monografías

❚ ABDEL Wahab, H. y ELSAWY, M. M.: *Tintas de impresión.* (s. l.): Ediciones Nuestro Conocimiento, 2021.

❚ AMBROSE, G. y HARRIS, P.: *Impresión y acabados.* Barcelona: Parramón Diseño, 2015.

❚ BLANCO, J. L.: *Manual de edición técnica: Del original al libro.* Madrid: Pirámide (Anaya), 2012.

❚ CAMBRAS, J.: *Artes & Oficios. Encuadernación: Técnicas y procedimientos para proteger y embellecer los libros.* Barcelona: Parramón, 2021.

❚ CAMISÓN, C., CRUZ, S. y GONZÁLEZ, T.: *Gestión de la calidad: Conceptos, enfoques, modelos y sistemas.* Madrid: Pearson, 2011.

❚ DESIGN 360° MAGAZINE: *Acabados de impresión para diseñadores gráficos: Introducción, aplicaciones e inspiración.* Barcelona: Hoaki, 2023.

❚ ELDIN, H. B.: *Técnicas y métodos de impresión: Técnicas de impresión.* (s. l.): Ediciones Nuestro Conocimiento, 2022.

❚ EMD: *Artes Gráficas - Materias Primas: Soportes, tintas, impresoras, calidad, seguridad y evaluación.* (s. l.): EMD Ediciones, 2021.

❙ FERNÁNDEZ, A.: *Calidad en las empresas de servicios.* Asturias: Instituto de Fomento Regional. Centro de calidad en Asturias. Gobierno del Principado de Asturias, 2000.

❙ FOSTER, J. y LÓPEZ, A.: *Papel y tinta: Un catálogo de técnicas, métodos y materiales para imprimir.* Barcelona: Editorial GG, 2015.

❙ GOLDEN, A.: *El gran libro de la encuadernación.* Madrid: DRAC, 2017.

❙ GONZÁLEZ, J. y CUATRECASAS, L. L.: *Gestión integral de la calidad: Implantación, control y certificación.* (s. l.): Profit Editorial, 2017.

❙ HILLER, G. *Gestión de color.* Lawrencehill (USA): Datacolor, (s. f.).

❙ HOCHULI, J. y KINROSS, R.: *Diseño de libros.* Valencia: Campgraphic Editors, 2005.

❙ HUGHES, A. y VERNON-MORRIS, H.: *La impresión como arte: Técnicas tradicionales y contemporáneas.* Barcelona: Art Blume, 2016.

❙ LUNA, C.: *Manual de gestión de la calidad.* AMG. Sevilla: Universidad de Sevilla, 2014.

❙ *Manual básico de artes gráficas.* (s. l.): Módulo Procesos Artes Gráficas, 2016.

❙ MARTÍNEZ de Sousa, J.: *Manual de edición y autoedición.* Madrid: Pirámide (Anaya), 2024.

❙ MARTÍNEZ, J. A.: *Control de calidad.* Barcelona: Universitat Oberta de Cataluña, (s. f.).

Textos electrónicos, bases de datos y programas informáticos

❙ Adobe, de: <https://www.adobe.com/es/creativecloud.html>.

❙ Aenor, de: <https://www.aenor.com/>.

▌Buscador de normas ISO/UNE, de:
<https://www.une.org/encuentra-tu-norma/busca-tu-norma/norma?c=N0040991>.

▌Calcular el gramaje del papel y otras operaciones similares, de:
<https://artesdellibro.mx/calculemos-el-gramaje-de-un-pa.php>.

▌Canva, de: <https://www.canva.com/>.

▌Características y propiedades de las materias primas de impresión:
<http://www.masqueideas.com/>.

▌Conceptos relacionados con el control de calidad, glosario, de:
<https://2gologistics.com/glosario/>.

▌El barniz: tipos, técnicas y aplicaciones, de: <https://www.cevagraf.coop/blog/>.

▌El proceso de impresión y las materias primas involucradas, de:
<https://www.pixartprinting.es/blog/>.

▌El proceso de impresión y las materias primas involucradas, de:
<https://laprestampa.com/>.

▌Formatos del papel, de: <https://www.proprintweb.com/>.

▌Historial del papel, de: <https://dical.es/blog/historia/breve-historia-del-papel>.

▌La encuadernación y sus tipos, de:
<https://www.imprentaonline.net/encuadernados>.

▌Las tintas de impresión y sus tipos, de: <https://www.ainia.es/>.

▌Las tintas de impresión, de: <https://www.interempresas.net/>.

▌Materias primas en impresión y encuadernación, de: <https://colorprinter.es/>.

▌Materias primas en impresión y encuadernación, de: <https://redgrafica.com/>.

▌ Propiedades de las tintas y otra información sobre materias primas de impresión, de: <https://www.flexografia.com/>.

▌ Propiedades del papel y otras características, de: <https://www.laboratorioseyco.com/blog/>.

▌ Técnicas de encuadernación: el cosido, de: <https://www.portalgraf.com/>.

▌ Tipos de encuadernación y acabados, de: <https://www.coollibri.es/blog/>.